福澤諭吉與《學問之勸》

林呈蓉　著

五南圖書出版公司 印行

目錄

貳 《學問之勸》眞義

前言　福澤諭吉：日幣萬元的肖像

戰後的福翁情結

福澤諭吉（一八三五—一九〇一）在明治日本的時代發表過不計其數的著作，透過洋書翻譯，而扮演媒介西洋文明的角色。爲了介紹歐美社會，有效傳達日本社會前所未聞的新觀念，福翁自創了各種「新語」，例如「自由」、「社會」、「權利」、「借方」、「貸方」、「版權」、「汽車」、「討論」、「改良」、「保險」等等（齋藤孝，四九），而這些譯語又輾轉傳入了近代中國社會。福翁曾自詡他要把西洋文明切成一節節地賣出（西洋文明の一節つづの切り売り）。

除了翻譯作品之外，福翁的著作、社論、詩文等汗牛充棟，多數都收錄於戰後出版的《福澤諭吉全集》全二十一卷（一九五八—一九六四），[1]近年來更有書簡史料大量出土。衆所周知，了解福澤諭吉、研究福澤諭吉乃了解明治日本、研究明治日本的捷徑之一，而書簡的出土更是掌握幕末維新期間日本社會情勢的重要史料。早在一九一八年（大正七）福翁的相關書簡約兩百五十四封被集結成冊，以《修養實訓 福澤先生の手紙》爲題，出版刊行，但其數量亦難以與二〇〇一年岩波書店《福澤諭吉書簡集》全九

1 《福澤諭吉全集》全二十一卷・別卷一卷（岩波書店，東京），一九六九年十月—一九七一年十二月。

卷之版本相比擬。[2]福澤諭吉之相關著作，數量龐大，可以等身高稱之。福翁仍在世期間的一八九八年（明治三十一）曾把部分作品編纂成《全集》五卷；到了大正年間，又有《福澤全集》全十卷（一八二四—一八二五）、《續福澤全集》全七卷（一九三三—一九三四）出版；戰後則有《福澤諭吉全集》全二十一卷（一九五八—一九六四）出刊；接著，在千囍年以後的當代，另有《福澤諭吉書簡集》全四卷（二〇〇一—二〇〇三）刊行。顯見福翁可謂是古今中外少見的多產作家，幾乎無人能出其右。

日本第二十九任首相犬養毅（一八五五年六月—一九三二年五月）也是福澤諭吉門下生，他曾爲《修養實訓 福澤先生の手紙》寫序，在犬養的認知中，福翁書簡的文體與氛圍，宛如家人之間談笑風生，顯見福澤諭吉的文筆之於近代日本而言，相對是平易近人，亦清楚展現福翁的人格特質（服部禮次郎，三—四）。[3]

福澤諭吉原本被明治政府視爲是「鎖國攘夷論」者，即使相互之間並不對盤，明治政府仍試圖延攬入閣，但仍遭福翁婉拒，他一心專注於洋學教育與著書翻譯上。然而，福澤諭吉卻成爲日本社會新思惟的開創者。當明治新政府的歐化方針確立之後，福澤諭

---

2 《福澤諭吉書簡集》全九卷（岩波書店，東京），二〇〇一年一月。

3 服部禮次郎〈福沢書簡の楽しみ：手紙は着流しで家人と談笑する如し〉（收錄於《福澤諭吉書簡集 月報一》第一卷，岩波書店，東京），二〇〇一年一月。

吉的態度一變，開始批判日本傳統舊思惟，並爲新文明開啓社會啓蒙的新頁，而《學問之勸》則可謂是這一連串活動的重要文宣品。[4]

根據日本經濟學者小泉信三（一八八八—一九六六）之研究指稱，福澤諭吉立場轉換的主因在於，此一時期福翁的思想逐漸受到明治政府感召，欣見新政府的開明作爲，乃決意從旁協助明治政府的革新事業，且以成爲日本新思想指導者自許，而其中一項具體作爲，即《學問之勸》十七編的撰寫（大久保啓次郎，一）。[5]

福澤諭吉撰寫、出版《學問之勸》，始於一八七二（明治五）二月至一八七六（明治九）十一月期間，歷時四年，福翁時逢三十九至四十三歲的壯年之際，其後再把陸續發表的十七編小冊結爲一冊，而成爲啓發明治人心、打破封建舊思的利器，亦成爲福翁作品中首屈一指的重要代表著作（大久保啓次郎，一）。

明治初期的福澤諭吉除了獲取今東京都內的三田臺地，經營私校「慶應義塾」；又把過去三度西遊的歐美海外見聞，著書介紹，此一時期的福翁可謂是對西洋文明與國家

---

4 池田彌三郎（樹冠人）〈《学問のススメ》の解説〉，ウィンベル教育研究所，二〇一一年（平成二十三）三月。

5 大久保啓次郎〈福沢諭吉著《学問のススメ》〉（收錄於第十九回「鴨川義塾定例讀書會」，二〇〇六年一月二十一日）。

未來，充滿熱情與期待的年代（西田毅，六）。[6]然而值得注意的是，一八八二年（明治十五），福澤諭吉創刊《時事新報》（一八八二年三月一日—一九五五年十月三十一日），每天的報紙社論基本上是由福澤諭吉撰稿。然而福翁再怎麼關心時政，果眞在一九〇一年過世以前都是由福澤諭吉執筆撰寫？一九七一年，日本岩波書店出版《福澤諭吉全集》二十一卷，其中《時事新報》的部分占了九卷。部分研究者根據福翁的習慣用語推斷，在九卷的《時事新報》中，福澤諭吉親筆撰寫的社論，充其量亦不過是兩、三卷而已。

福澤諭吉研究者認爲，這些社論部分是福翁親自起稿，部分則是由旗下的少壯記者撰寫。畢竟從福澤諭吉撰寫慣習用語觀之，福翁幾乎不太使用「有」、「無」等字眼，而多使用「可」與「不可」；其次，除了四字成語之外，福澤諭吉在撰寫社論時則儘可能地隱藏自己的漢學造詣；而在用詞遣字上，福翁更有自己固定的筆癖。而大妻女子大學教授井田進也的研究則認爲與〈脱亞論〉相關的幾篇文章，如〈東洋の波蘭〉、〈戦争となれば必勝の算あり〉等侵略主義或皇室中心主義的文章，乃由少壯記者高橋義

6 西田毅〈明治初期の摂州三田と福沢諭吉・真島襄〉（收錄於《福澤諭吉書簡集 月報一》第一卷，岩波書店，東京），二〇〇一年一月。

雄、渡邊治等人起稿的可能性較大（井田進也，七）。[7]

明治日本最熱銷的教科書：《學問之勸》

近代日本最重要的思想家福澤諭吉，其執筆撰寫的論作以「等身高」形容，絕不爲過。即使距今近兩世紀，然而其代表作之一的《學問之勸》、《文明論之概略》，以及《福翁自傳》等作品，或可稱之爲福翁的三部曲，至今在日本社會仍有廣大的閱衆市場。其中，《學問之勸》不僅在當代，更是明治時期、或稱日本史上第一本暢銷書。據聞明治時期的日本總人口數約三千萬，但該書在當時共賣出了三百四十萬冊，《學問之勸》的熱銷景況可見一斑。

福翁撰寫《學問之勸》的契機，源自於九州中津一帶（今大分縣中津市）想辦教育，乃委請同鄉的福澤諭吉撰寫一部足以因應新時代，建立國民基本精神，且能提供社會大衆廣泛閱讀的教學講義。福翁早在江戶時期的一八五八年（安政五），利用中津藩的江戶藩邸開設蘭學塾，教授洋學，因此他便以「慶應義塾」名義出版《學問之

---

7 井田進也〈兆民全集から福沢全集への応援歌：福沢をして福沢ヲ語らしめよ〉（收錄於《福澤諭吉書簡集 月報三》第三卷，岩波書店，東京），二〇〇一年五月。

勸》。然而，〈初編〉的部分是福翁與小幡篤次郎的共著之作。由於〈初編〉一推出便熱銷，人氣沸騰，福澤諭吉乃乘勝而獨力完成其餘各編，最後的〈十七編〉完稿之際已是一八七六年（明治九）十一月，而三年後的一八八〇年（明治十三）七月，則將各編合刊，另以《合本 學問之勸》全一冊之姿，重新刊出。合本的自序中記載如下，「該書乃自己讀書餘暇隨筆之所記，自明治五年二月執筆撰寫初編開始，同九年十一月則以十七編告終」[8]、又每編「撰稿篇幅約十頁」左右[9]。

《學問之勸》〈初編〉的熱銷景況，依福翁自己的說法，正版狂賣了二十萬部，外加僞版、盜版印刷本等共二十二萬部流通市面。換言之，以當時日本的社會人口三千五百萬計，平均每一百六十人便有一人購買該書（大久保啓次郎，一）。

然而，何以《學問之勸》在當時如此受到社會矚目呢？翻開該書開頭，「天不在人上造人、不在人下造人」[10]一句，便足以驚艷四座，而一如福澤諭吉其他的論作一般，福翁習以平易語調之文筆，一針見血地點出問題癥結。撰寫《學問之勸》的當時，則是

8 原文：本編は余が読書の余暇随時に記す所にして、明治五年二月第一編を初として、同九年十一月第十七編を以て終り。

9 原文：何れも紙數十枚ばかりのもの。

10 原文：天は人の上に人を造らず人の下に人を造らずと云へり。

以民間普遍讀本，抑或是小學教科書爲出版目標，因此從〈初編〉乃至〈三編〉之內容，則儘可能地以簡易字眼深入簡出；〈四編〉與〈五編〉的內容，其所設定之閱讀社群是知識分子，因此用詞遣字相對艱澀；〈六編〉以後則再度回復簡易文體，以方便閱讀。[11]無論如何，《學問之勸》仍不可不謂是影響明治日本大眾思惟的重要作品之一。[12]

事實上，受到影響之閱讀大眾從南至北，從庶民布衣乃至達官貴人，不計其數。以北海道地區爲例，明治初期的日銀總裁川田小一郎之子川田竜吉，於一八七四年（明治七）曾在慶應義塾學習，竜吉後來到英國學習造船技術，回國後除了擁有造船事業之外，並在北海道的上磯創設農業試驗所，因成功栽培日本馬鈴薯而聞名；無獨有偶的，一八七四年同時在慶應義塾學習的伊豆豪農依田勉三，畢業該校後便組成土地開拓集團「晚成社」，前往北海道的帶廣闢地開發。

再以九州爲例，一八八一年（明治十四）創立的《鹿兒島新聞》（今《南日本新聞》）之關係者元吉秀三郎（編集長）、矢野可宗（編集員）、野村政明（社長）等，

11　福澤諭吉《學問之勸》第五編（岩波書店，東京），二〇〇四年二月，四六。

12　參自靜岡縣立中央圖書館所藏の貴重書介紹（一）〈溫故知新：明治初期の啓蒙書（その一）〉，二〇〇〇年（平成十二）五月二十三日。

皆爲福澤諭吉的旗下門生，一八八二年（明治十五）八月的一篇社論中，以「與其生爲奴隸之民，勿寧死爲自由之鬼」的斗大標題，大肆宣揚福翁的自由與民權精神；北九州佐賀武士之子的高取伊好，也曾進入慶應義塾學習英學與炭礦學，其後從事石炭業而成爲日本大正時期的石炭王，除了活躍於炭礦界之外，更熱心於地方文化的發展（石板嚴，一—四）。[13]在明治十年代以前，帝國大學尚未設立，福澤諭吉創辦的「慶應義塾」，則是培育日本近代人才的搖籃。

歷史文脈中的未來：史學研究之眞義

福澤諭吉的人格特質，原則上不好架空談理、不信鬼神，首重實證精神，部分是出自於先天之本性，部分則是後天環境與相關教育使然。年少時期的福翁之於問題關心的焦點多首重產業技術、勞動道具，以及生產原料等方面（小泉信三，一一三—一一四）。《英國文明史（*History of Civilization in England*）》作者亨利・巴克爾（Henry Thomas Buckle，一八二一年十一月二十四日—一八六二年五月二十九日），亦

13 《福澤諭吉書簡集 月報三》第三卷〈明治期、地方における福沢門下〉（岩波書店，東京），二〇〇一年五月。

被尊稱爲「科學史之父」，而其之於歷史法則的研究，多著眼於庶民大衆的「日常」，而非戰爭、革命等帝王將相的「非日常」，此點顯然與福澤諭吉的歷史觀多少有異曲同工之處，或許亦可說是受到亨利．巴克爾的深刻影響（小泉信三，一二八）。

在福澤諭吉諸多汗牛充棟的論著作品中，史學領域之相關作品有三，《文明論之概略》、《舊藩情》與《民情一新》等。基本上，福澤諭吉不認同歷史的「恣意」與「偶然」（小泉信三，一二〇），福翁的歷史觀唯「民情智德」與「社會時勢」是圖（小泉信三，一二四）。篤信實學的福澤諭吉，論史學亦以科學主義的觀點思考風土民情與歷史變遷。

一八七七年（明治十）日本社會爆發西南戰爭，福澤諭吉撰寫《舊藩情》指摘舊藩士族間階級對立之不當（小泉信三，一三〇）；一八七八年（明治十一），福翁以〈讀史〉爲題，撰寫一首七言絕句，其內容如下：史家心匠不公平、片眼唯看政與兵、兵事政談每喋喋、不知衣食頼誰成（小泉信三，一四五）；一八七九年（明治十二）福澤諭吉以蒸氣船車、電信、印刷、郵政之發明爲題，強調民情變化與技術革新之間的連動乃歷史通則，繼而撰寫《民情一新》（小泉信三，一三三）。由此推知，福翁的史觀基本上比較傾向其後馬克思主義的「唯物史觀」，但卻不同於馬克思主義的形而上，福澤諭吉的議題發想相對寫實。

然而，回顧維新前一年（一八六七），福澤諭吉在《西洋事情》〈外編〉中，一篇題爲〈世間的文明開化（世の文明開化）〉的小文中，把歷史定義爲人類社會從野蠻至文明的進程。其內容如下：

歴史を察するに、人生の始めは莽昧にして、次第に文明開化に赴くものなり。莽昧不文の世に在りては、礼儀の道未だ行はれずして、人々自ら血気を制し情欲を抑ゆること能はず。大は小を犯し強は弱を虐し、配偶の婦人を視ること奴婢の如し、父の子を御するに無道を以てするも之を制する者なし。且世間相信ずるの意薄くして、交際の道甚だ狭きが故に、制度を設て一般のために利益を謀ること能はず。世の文明に赴くに従て此風俗次第に止み、礼義を重んじて情欲を制し、小は大に助けられ弱は強に護られ、人々相信じて独其私を顧みず、世間一般の為めに便利を謀る者多し。[14]

依其文意，福澤諭吉之於野蠻與文明的認知，在於欠缺制度、儀禮、弱肉強食、強調保守的上下關係、人與人之間欠缺互信機制，即「野蠻」社會的表徵，反之則是「文明」。既是如此，福澤諭吉對於文明的未來充滿樂觀。在福翁的認知中，文明最爲珍貴

14　福澤諭吉《西洋事情》〈外編〉（收錄於《福澤諭吉全集》卷一，岩波書店，東京）一九五八年，三九五。

之處，莫過於不受出身背景之累，可以憑藉實力自由競爭，追求人生的自我。[15]

福澤諭吉創辦的平面媒體《時事新報》當中，有一篇題爲〈歷史教學新案（歷史教授ノ新案）〉[16]的社論，意圖以歷史學爲例，試闡述「學問」之眞意。雖然無法有效判明是否由福翁主筆撰寫，但依慶應義塾大學教授西川俊作之見，由福翁主筆撰寫的可能性相當高（西川俊作，一八）。而其內容旨趣與福澤諭吉《學問之勸》的核心思想＝實學之用，異曲同工，亦可謂是《學問之勸》內涵之補充。

其內容之大要，於文頭與文末便可略知一二，重點如下：「舉凡歷史的學習，目的是觀察過往千百年來的各種社會現象及其成果，藉此預知對未來之人事可能產生之變化。因此，古往今來的社會沿革、國之興廢、事物成敗等因果關係，皆可瞭然於胸。特別是在不同學科中，每項新發現的背後，經常會走同樣的軌跡，而研磨考究之後則歸納

---

15 斯る情合の存する所なく、人々自ら我路を行き我職を務め我趣意を達せんとして先を争はざる者なし。（前掲《西洋事情》〈外編〉，二九九）

16 〈歷史教授ノ新案〉（收錄於《時事新報》一八八四年七月十二日），摘自平山洋氏「福沢健全期『時事新報』社説・漫言一覧及び起草者推定」，網址：http://blechmusik.xii.jp/d/hirayama/the_newspaper_archives_and_conclusion_on_the_writer/（二〇一六年六月二十六日）二〇一六年八月二十六日。

出一個共同法則。因此一旦有同樣的法則出現，便能有效算定或推測其未然。一興一敗、千變萬化便不足爲懼、不以爲怪。若能有效應用，更能促進將來之進步，抑或是防範未萌之禍根，其功效可以偉大稱之。」

然而，長久以來日本社會之於史學研究，僅止於對舊有事物的關心，或者反覆處理年代紀，而無緣且無益於當代文明的發展，更被一般認爲難以從歷史研究中獲取學問之眞意，而福澤諭吉主張那是論者的謬見。一如前述，福翁指摘史學之用在於透過歷史法則的掌握，有效鑒往知來、防範未然。而近代日本當前的問題是，舉凡從普通小學乃至歷史專業教育之於歷史的教授法，顯然有改良之必要。畢竟社會發展瞬息萬變，社會組織愈加錯綜複雜，舊有的歷史知識難以有效「以古喻今」，更遑論「鑒古知來」！福翁主張唯輔以「外國史之學習」，以爲教學新案，歷史的學習始能爲世間所用。

待福澤諭吉逐漸垂老之際，一八九七年（明治三十）出版《福翁百話》，另有〈史論〉一篇闡述福翁的史觀。以一言蔽之，福澤諭吉認爲傳統的史家欠缺自由獨立思想，無法有效分辨國家治安與主君立場之間的名實輕重，論是非得失的標準顯然多偏袒一方，不足可取。[17]

17 福澤諭吉〈史論〉（收錄於《福翁百話》，時事新報社，東京）一八九七年，二五七。

另一思考核心：民權論、國權論與實學

眾所周知，明治日本的重要政治議題莫過於「民權」與「國權」之爭，而《學問之勸》〈初編〉以「天不在人上造人、不在人下造人」，強調人與人之間理當平等、相互尊重，意圖打破傳統官尊民卑的舊思惟。其後不久，一八七八—一八七九年（明治一一—一二）期間，在完成《學問之勸》十七編之後，針對民權與國權等議題，福澤諭吉又陸續完成《通俗民權論》、《通俗國權論》、《國會論》、《民情一新》等四冊。換言之，爲求國家長治久安，國民安居樂業，有權者不宜長久坐擁大位，而追求政權和平輪替之道，唯開設國會，讓民眾有參與政治的可能，乃爲上策。而民眾參政的前提，「爲學」則是必須要件。因此，《學問之勸》當中有關民權、國權之論述，亦可謂是其後《通俗民權論》、《通俗國權論》的入門基礎。而之所以刻意在一八七八年前後相繼出版的《通俗民權論》與《通俗國權論》，福澤諭吉的思考邏輯簡言之，即對內主張民權、對外則伸張國權（小泉信三，一五七）。[18]

在《學問之勸》〈初編〉，福澤諭吉強調，爲求國家的主權獨立，國民即使犧牲個

---

18 原文：蓋し内国に在て民権を主張するは、外国に対して国権を張らんが為なり。

人權益，亦不能讓國威變得遜色。[19]換言之，《學問之勸》的宗旨有二，修身齊家與治國平天下，即《通俗國權論》之所言「小則成就個人一身；大則伸張國家權益（小は人生一身の本分を達し、大は独立一国の権を興張せんこと）」。[20]

而為求近代日本的富國強兵，避免成為西方列強的殖民地，唯走文明開化路線，伸張國權、自主獨立，乃唯一無二的選擇，甚至因而引發戰爭亦在所不惜。畢竟身處十九世紀「弱肉強食」的國際社會，近代日本面對的是把他國消滅，抑或是被他國消滅（滅ぼすか滅ぼさるる）等二擇一的局面（松永昌三，一五九）。[21]換言之，在福澤諭

---

19 原文：国の恥辱とありては日本国中の人民一人も残らず命を棄てて国の威光を落とさざることそ、一国の自由独立と申すべきなり。

20 收錄於時事新報社編《福澤全集》第五卷（國民圖書株式會社，東京），一九二六年（大正十五），一〇四。

21 原文：わが日本の外国交際法は、最後に訴うるところを戦争と定め、戦えば頑固強情にして容易に兵を解かず、幾月も幾年も持続して双方艱難に堪うるの度を競うの一法あるのみ。（《通俗國權論》第四章，慶應義塾出版社，一八七八年，一〇七。參考網址：https://books.google.com.tw/books?id=DQ-KAAAAIAAJ&printsec=frontcover&dq=%E9%80%9A%E4%BF%97%E5%9B%BD%E6%A8%A9%E8%AB%96&hl=zh—TW&sa=X&ved=0ahUKEwjY382L_9_UAhWIp5QKHVAACWEQ6AEIJzA

吉的認知中，爲學所求者，莫過於西洋化與富強化等日常生活有用之學問，即因應國家之所需（国家の須要に応ず），唯來自近代科技之實學無他（松永昌三，一六〇）。在《學問之勸》〈三編〉中，福澤諭吉以「人間普遍日用之學（人間普通日用に近き実学）」，稱之爲「實學」。而相較於傳統文化的花鳥風月之論等非技術本位的教養學門，則淪爲次文化（subculture）「虛學」之層級。

福澤諭吉之於實學的定義，包括日本傳統「いろは」等四十七文字、書信文句的用法、簿記、算盤的練習、天秤的使用等，即從讀、寫、算開始，再旁及地理、歷史、物理、經濟與修身等科目，而與日本的富強直接連動在一起的則是自然科學與社會科學。個人的立身處事與國家的富強與否，互爲因果、緊密連結，這是個人爲學的目的與意義之所在，亦是福澤諭吉之於十九世紀日本社會的時代認知（松永昌三，一五三）。

一八九七年（明治三十）福澤諭吉在一篇論〈實學の必要〉中提及，在他的認知中所謂的「學問」，指的是能有效解明眞理原則及其應用之法，稱之，[22]而用現代臺灣社會的說法，一言蔽之，即「學用合一」。福澤諭吉強調過去的時代，即使無學、無識，

A#v=onepage&q=%E9%80%9A%E4%BF%97%E5%9B%BD%E6%A8%A9%E8%AB%96&f=false）二〇一七年六月二十七日。

22 福澤諭吉〈實學の必要〉（收錄於前揭《福翁百話》），一一四。

在祖先經驗、智慧的浸潤下耳濡目染，亦可能安居樂業，但如今在文明的洪流下欲建構文明之事業，凡事就必須有學理依據而得以行事，套用現在的說法，就是身處「知識經濟」的時代，有學才得以與時代脈動契合。因此，從民利國益的角度觀之，福澤諭吉主張全民皆學，不分貧賤、貴富。[23]

23 福澤諭吉〈人事に学問の思想を要す〉（收錄於前揭《福翁百話》），一一三。

壹　福翁的心路歷程

福澤諭吉生於江戶幕府末期的一八三五年（天保六），其父福澤百助乃中津藩的下層藩士，中津藩是位於九州大分縣中津市一帶，由於專職於中津藩位於大阪堂島的財庫，屬會計官僚，以故，福澤諭吉的出生地並非中津，而是大阪。在階級社會的時代，即使福澤百助學有專精，既博學且有才情，卻難有升遷的機會，且英年早逝，在福澤諭吉滿歲時，百助便因病過世。父親過世之後，福澤家貧困見底，且福澤諭吉又生爲次子，難以繼承家業，前景堪虞。因此，福澤諭吉的啓蒙較一般的孩子來得晚，直到十四歲時才得以就學（西川俊作，五）。在《福翁自傳》中曾自我感慨，在那個時代「門閥制度可謂是雙親之敵也（門閥制度は親の敵で御座る）」（齋藤孝，一二－一四）！

然而，命好不怕運來磨，殊不知一八五三年（嘉永六）美國以黑船向日本強行扣關，即使像中津藩這種僅擁有十萬石米的小藩，亦必須承擔協助海岸防備的任務。福澤諭吉獲得良機被送至長崎的出島，以「下男奉公」的身分陪同中津藩家老之子奧平壱岐前往光永寺學習蘭學，除了修習砲術之外，亦附帶學習了荷蘭語。其後，則在兄長三之助的建議下，福翁前往蘭醫緒方洪庵位在大阪的「適塾」就學，專攻蘭學。由於成績表現優秀，一八五七年進而成爲塾頭（塾長）。一八五八年（安政五），中津藩位在江戶築地鐵砲洲開設蘭學塾，[1]福澤諭吉則受聘爲教師，而該校亦可謂是其後福翁自辦「慶

1 今東京都中央區湊一丁目一帶之舊稱。

應義塾」的雛型。

一八五九年，福澤諭吉前往橫濱的外國人居留地訪視，始知英語已是國際語言，過去長年專研荷蘭語的學習已不符時代的需求，沮喪之餘，乃連忙改學英語。不久之後，便被幕府的外務部門（外國方）徵召，協助外語的翻譯（齋藤孝，一四—一五）。在福澤諭吉另一著書《西洋事情》裡，福翁為了介紹歐美社會實況，有效表現日本社會前所未有的現象與概念，因而創造了不少近代「新語」（齋藤孝，四九）。

近代日本在幕末開國期間，血氣方剛的尊王攘夷派志士不斷引發襲擊外國人的暴力事件，福澤諭吉則因翻譯之故，變得見多識廣，在福翁的認知上，這些攘夷鎖國者的行徑與理念，有如「井底之蛙」地愚行且愚忠，依福翁之見，欲與海外國家交流應從互惠、互信的角度著手（〈初編〉，一四）。

福澤諭吉的開明思惟，除了因翻譯之便，而大量閱讀海外書物之外，福翁更因三次洋行的經驗，而開啓眼界。一八六〇年（萬延元），以提督木村攝津守的從僕身分，跟隨幕府的遣美使節團前往美國，約一個月左右滯留於舊金山；一八六一年，幕府須跨海與歐洲國家交涉江戶、大阪開市，兵庫、新潟開港延遲，以及樺太（庫頁島）的歸屬議題等而遣使赴歐，福澤諭吉乃得以通譯（翻譯掛）之姿，伴隨幕府遣歐使節團遍歷英、法、荷蘭、德國、俄羅斯、葡萄牙等國；一八六七年（慶應三）則因幕府欲向美國購買軍艦，福澤諭吉乃以幕府使節團成員身分，二度前往美國參訪，此次的足跡甚至來到北美東岸的紐約（西川俊作，九—一〇）。三次海外洋行的經驗，最讓福澤諭吉感到無限憧憬與期待的，莫過於西洋人之於待人接物的「合理主義」精神（齋藤孝，一六）。

特別是一八六一年的歐陸之行，對福澤諭吉的文明啓蒙影響很大，亦才有其後一八六六年《西洋事情 初編》的撰文出版。福澤諭吉見識到西洋的病院、學校、圖書館、兵工廠、礦山、股份公司、熱氣球、隧道，以及相關的社會制度、技術與機構等，著實讓福翁大開眼界。在福澤諭吉的認知中，西洋文明社會的形成源自於知識與思考的革新，因此日本社會的當務之急，並非添購兵器與機械，而是人才的培育（西川俊作，一〇）。

幕末的三次海外洋行經驗，的確是讓福澤諭吉理解何謂「西洋文明」，並萌生了「近代」意識。然而，並非參與使節團的每個人經過海外洋行之後，都會變得很近代化，在不通言語的他鄉異國，連行動的自由都是問題，更遑論對海外社會的理解。事實上，對西方的近代文明絲毫不爲所動者大有人在。而透過海外洋行，福澤諭吉之所以對西洋文明感覺興味盎然，依甲子園大學廣田昌希教授的理解，應該是與適塾時代的學習經驗，緊密相結。適塾的門下生除了醫師子弟之外，還有不少的下層武士，以及豪農、商家等庶民子弟，同窗學習。福澤諭吉在適塾的學習，跨越過去士農工商的身分差別，而與不同階層的人相互交流，即使一身弊衣破帽，但心中卻充滿自由奔放感，而生徒自治的氛圍，可謂是近代日本舊制高等學校的雛型（廣田昌希，二六—二九）。

一如前述，福澤諭吉把三次歐美諸國的巡訪見聞寫下，進而完成了《西洋事情》〈初編〉（一八六六）、〈外編〉（一八六七）、〈二編〉（一八七〇）等三冊，又在一八七五年出版膾炙人口的《文明論之概略》。從這幾篇大作中，多少可以掌握福澤諭吉之於西歐的文明觀。其中，發行部數可與《學問之勸》相比擬的，莫過於《西洋事情》。該書的內容林林總總，多半是當時日本社會前所未聞的，即西歐的近代文明與社會特色，但著重於有形的制度與文物，至於文明與文化內涵的說明則相對闕如（松永昌三，一〇一）。

然而，一如前述，福澤諭吉之所以追求文明，在於身處文明社會的個人，可不受出身背景之累，憑藉實力，成就自我。在《西洋事情》〈外編〉中，福澤諭吉透過「世の文明開化」一篇強調，在文明未開的社會，是弱肉強食，勝者爲王、敗者爲寇，不少有爲者多被視之爲盜賊；但在文明開化的社會，富貴利達者經常會創造出己利利人的雙贏局面，[2]宛如說出身處江戶階級社會，福澤諭吉自身的困境，而這也是何以福澤諭吉對於西洋功利主義抱持肯定立場的主因（松永昌三，一〇九）。

不容諱言地，在西洋文明開化的列強所結構出的十九世紀國際社會，卻是一個優勝劣敗、適者生存的野蠻世界。文明的進步仍不能終止國與國之間的戰爭，即使設置了萬

---

2 原文：草昧不文の世に在ては、人を害せざれば自ら利すること能はず。故に心身活発にして事を成す者は常に盗賊なり。文明の世に於ては然らず。富貴利達を致す者は常に他人の利益を成したる者なり。（《西洋事情》〈外編〉，三九九）

國公法，卻也無法成爲絕對安全的存在。在國家安全的前提下，國際間的對立、紛爭依舊不斷，這項事實讓福澤諭吉深感遺憾與無奈（松永昌三，一〇五）。

文明國之於國內的鬥爭可以國法制御之，但明知戰爭不可爲，在外交的前提下，國際間的紛爭仍從未停止過。或是受好事者的有心煽動，抑或是領導者的貪念喜功，即使歐洲諸國以禮義文明自居，亦難以停止戰端。套用福澤諭吉的話語，「今天是文明開化之樂園，明日也可能成爲曝骨流血的戰場（今日は文明開化の楽園と称するも、明日は曝骨流血の戦場となる可し）」！[3]但福澤諭吉亦承認，或許無法終止戰爭的禍源，但透過文明教化的手段，多少可緩和戰爭之荼毒（松永昌三，一〇六）。

---

3 《西洋事情》〈外編〉，四一三。

一 福澤諭吉思考的形塑

在《福翁自傳》裡福澤諭吉自曝，早在自己年約十六歲前後，長兄福澤三之助曾尋問他未來的生涯規劃。福澤諭吉則回應，自己「將來想賺很多的錢，變成日本首富，然後可以自由揮霍」！這樣的夢想之於江戶時期中津藩的武士階層而言，可謂是非常不上道的想法，兄長所期待的答案應該是「爲主君盡忠義，爲母親行孝道，成爲武士的模範」。然而，對凡事抱持存疑精神的福澤諭吉，可能是故意忤逆兄長的期盼，而把武士階層最忌諱的「金錢」掛在嘴邊，說給兄長聽的（西川俊作，二六二）。[4]

明治日本社會的氛圍開始資本主義化，福澤諭吉理解到過去武士以配刀作爲身分地位的表徵，顯然是食古不化。而以士農工商四民制度，藉此矮化商人階層更是不合理，在福澤諭吉的認知中，努力工作，合法賺錢，何罪之有呢？而繼續緬懷過去武士時期之

---

4 原文：或時、兄が私に問を掛けて、お前は是から先き何になる積りかと云ふから、私が答へて、左様さ先づ日本一の大金持になって思ふさま、金を使ふて見やうと思ひますと云ふと、兄が苦い顔して叱ったから（略）。（參自《福翁自傳》，時事新報社，東京，明治三十四年三月，二一一）

光榮者，可說是與時代脫節。這樣的思惟，明治日本「無教會主義」創始人內村鑑三（一八六一—一九三〇）則非常不以爲然，而以「拜金宗（Mammonism）」一語批判之，不過，福翁自己至死都甚難理解，何以內村對他的金錢第一主義，竟會有如此激烈的反應（龜井俊介，一二七—一二八）。[5]

一如前述，福澤諭吉透過三次的西航經驗，了解文明與野蠻的天壤之別，在福翁的認知中，追求世界和平的唯一手段，即謀求各國實力的均質發展（balance of power）。因此，福翁認爲倘若貿易能繼續進步擴展，勢必深化各國之間的交易關係，甚至相互放寬貿易法度，在互助提攜的前提下，即可有效減低戰爭發生的機率（松永昌三，一〇七）。[6]

---

5 龜井俊介譯《內村鑑三英文論說翻譯編 上》（岩波書店，東京），一八九四。參照礫川全次部落格，網址如下：
〈拜金宗の結果（「萬朝報」一八九七年五月九日）〉http://blog.goo.ne.jp/514303/e/7ab50c3dbd4676e018641f333a356616（二〇一七年四月十九日）。
〈銭の外に名誉あり（《時事新報》一八九七年五月十二日）〉http://blog.goo.ne.jp/514303/e/fbe9454e4f8ab23d6210cd68c4fbb8ba（二〇一七年四月十九日）。

6 原文：各国戦争の原因を絶つは貿易の法を寛にするに在り。（《西洋事情》〈外編〉，四一四）

若把福澤諭吉說成功利主義的信奉者，亦不爲過。畢竟在福翁的認知中，政治的目的是爲最大多數的國民，謀求最大福祉。[7]強調個人獨立自尊的福澤諭吉，經常強調獨立精神的重要性，其基本思惟不會背離現實主義。近代日本的資本主義背後，功利主義扮演重要關鍵角色，倘若福澤諭吉支持功利主義，亦是想當然耳。畢竟文明開化的本質，與經濟利益不相悖離。福翁透過《時事新報》的社論撰寫，再三強調「金錢」的重要性，何況墨守安貧之道，又如何經世濟民？[8]例如，〈西洋的文明開化根植於金錢（西洋の文明開化は銭にあり）〉（《時事新報》一八八五年四月二十九日）、[9]〈購買文明不外乎金錢（文明を買うには銭を要す）〉（《時事新報》一八八六年三月二

7 「政治の目的は国民の最大多数をして最大幸福を得せしむるに在り」（〈施政邇言〉，《時事新報》一八八八年一月五日）。

8 原文：清貧を安んずと云ひ、苦節を守ると云ひ、其名は甚だ美なるが如しと雖も、未だ一家の計を成し能はずして徒に空論を唱ふるが如きは経世経国の実際に何を益する所もなかる可し。（〈新旧両主義〉，《時事新報》一八九三年六月九日）

9 原文：西洋諸国は銭の世の中にして、銭さへあれば有形肉体の快楽を買ふ可きは無論、尚ほ此外に無形の栄誉体面なるものありて、苟も富有の人あれば社会の尊敬する所と為りて声望甚だ高く、其富豪の大なる者に至りては王公貴人も容易に之を交はるを得ず。

日）、〈賄賂亦有其必要嗎（賄賂も亦要用なる哉）〉（《時事新報》一八九〇年十二月十四日）、〈賄賂的裁斷（賄賂の沙汰）〉（《時事新報》一八九一年十二月二十四日）、〈新舊兩主義（新旧両主義）〉（《時事新報》一八九三年六月九日）、〈紳商的生活（紳商の生活）〉（《時事新報》一八九三年十月十日）等，皆是福澤諭吉暢談經濟利益、文明開化與幸福快樂之連動關係的代表作（松永昌三，七七—八〇）。

事實上，其後福澤諭吉出資創辦慶應義塾，且沒拿過學校薪資半毛錢，因此在當時被譽稱為「三田の聖人」，[10]由此顯見福翁並不執著於金錢，他更把「俗」字分解，而謙稱自己不過是個「谷人」罷了（西川俊作，二六四）！福澤諭吉想要打破的是源自江戶時期以來的舊思惟，包括武士、甚或是士大夫階層等多視金錢等同「汙穢」之存在。福翁認為君子愛財，取之有道，正大光明地以勞力換取的金錢，何錯之有！的確金錢雖非萬能，但沒有金錢則萬萬不能，過去中津藩的武士不敢晝日出門購物，只能在晚上躡手躡腳、縮頭縮腦地前往商店交易醬油、米酒等生活必需品，福澤諭吉無法認同這些「偽君子」表裡不一的愚腐行徑（西川俊作，二六一）。

福澤諭吉一生的思惟奠基於二十歲年代，除了受教於緒方洪庵的適塾而習得西洋實學，並透過三次歐美訪察而增見聞、長知識；三十歲年代，福澤諭吉透過《學問之

10 慶應義塾位於今東京都港區三田二丁目一五—四五。

勸》與《文明論之概略》等兩部著作，爲近代日本的未來擘畫出一幅藍圖；四十、五十歲年代，則自創媒體《時事新報》，隨時爲政府的施策提供針砭；到了六十歲年代，在門人、門生小幡篤次郎等人協同下，把一直以來自己之於日本社會的理想透過《修身要領》之撰寫，遺留後世，一九〇一年則與世長辭，享年六十六歲。福澤諭吉的人格特質，志氣高潔，且從一而終，亦可謂是知行合一的典範（永田守男，一〇〇七）。

二 聰明大智的境界

一如前述，福澤諭吉經過三次海外洋行，他的心得是欲與萬國對峙，就必須把傳統日本社會形塑成西洋文明社會，而個人的獨立、國家的獨立則是重要的兩根支柱（西川俊作，四），因而才有一八七二年「天不在人上造人亦不在人下造人」之撰寫，其後陸續完成十七編，並彙集成冊，《學問之勸》一書儼然成形（西川俊作，一二）。

一八七五年八月，福澤諭吉另一著作《文明論之概略》出版，近年來福翁的手稿〈文明論プラン〉出土，其中《學問之勸》的〈八編〉、〈十編〉之手稿亦同時被發現，根據慶應義塾大學福澤研究中心前所長西川俊作的說法，《文明論之概略》的撰寫與《學問之勸》的後半部應該是同一時期的撰寫作品。而《學問之勸》的〈八編：我心をもって他人の身を制すべからず〉（一八七四年四月）、〈十一編：名分と職分の違い、名分をもって偽君子を生ずるの論〉（一八七四年七月）、〈十二編（後半）：人の品行は高尚ならざるべからざるの論〉（一八七四年十二月）、〈十三編：怨望の人間に害あるを論ず〉（一八七四年十二月）等，分別在一八七四年間陸續完成。顯見《學問之勸》的這幾編之內容，亦可謂是《文明論之概略》「智德論」（第四—七章）

的簡約版或啓蒙版，換言之，兩者的撰寫應該是在同一時期完成的。

《學問之勸》所設定的讀者群是年輕學子；而《文明論之概略》的閱讀大衆則是一般知識分子（西川俊作，一四一—一五）。然而，不同於《學問之勸》的暢銷盛況，《文明論之概略》出版當時並沒有獲得讀者太多的迴響，直到一九三一年（昭和六）岩波文庫收錄復刻之後，才被社會廣泛閱讀，而該書現在則成爲近代日本的重要著作之一（松永昌三，一一四）。當然，這裡所謂的「文明」，是指西洋文明。

福澤諭吉之所以汲汲於西洋文明的攝取，基本上乃與日本的國家獨立互爲表裡，即使西洋文明依舊有其盲點，但卻是十九世紀世界文明、文化的至高存在，因此必須拋棄成見，並看出西洋文明即將朝往國際化方向發展的趨勢。福澤諭吉在《學問之勸》一書中強調，「追求國家的獨立是目的，而國民的文明則是達成此目的的手段（国の独立は目的なり、国民の文明はこの目的に達するの術なり）」，而同樣的語句亦出現在《文明論之概略》一書中。[11]

即使難以苟同西洋文明的「侵略性」，但不容諱言地，十九世紀的西洋文明亦展現出人類社會前所未有的智慧與美善，全面攝取西洋文明的前提，須從國民的精神改良開始。然而，不同於同時期的其他洋學派人士的過激主張，例如，森有禮（一八四七—

11 松澤弘陽編《文明論之概略》（岩波文庫，東京），一九九五年，二九七。

一八八九）認爲日本應改英語爲國語，抑或是津田眞道（一八二九—一九〇三）、中村正直（一八三二—一八九一）等人主張改行基督教之教育等，福澤諭吉認爲日本文化亦有其文明之處，唯調整不合時宜之「氣風」即可，因此他的主張是從引進西洋的文物、體制著手（松永昌三，一一五—一一六）。

在福澤諭吉的認知中，文明開化的手段乃國民之獨立的終極目的，倘若國民欠缺獨立之氣，社會文明就難以推進（松永昌三，一二〇）。換言之，獨立心乃文明進步的前提，而社會文明發達，才能培育國民的獨立心，因此「獨立」與「文明」沒有孰先孰後的關係，而是相輔相成。福澤諭吉在《文明論之概略》中提出，國家的獨立來自於文明，沒有文明則獨立亦難保全（国の独立は即ち文明なり、文明にあらざれば独立は保つべからず）。[12]因此《學問之勸》與《文明論之概略》等兩部著作，可謂是福澤諭吉意圖替近代日本社會的病態所開出的處方箋。

再說《學問之勸》〈初編：天は人の上に人を造らず人の下に人を造らずと云へり〉，在福澤諭吉的認知中人與人之間並無上下之別，那男女之間是否亦如此？根據西川俊作教授之研究指出，福澤諭吉在一八七〇年有書簡〈中津留別の書〉一封，在文中提及男女平權的議題，福翁認爲自有天地以來便有男女，而無論是男是女，並無孰輕

12 前揭《文明論之概略》，二〇一。

孰重之別。[13]依該文的所出年代推之，福澤諭吉的這項思考顯然比撰寫《學問之勸》的「人間平等宣言」，更早便已萌芽（西川俊作，一九）。

一八八二年福澤諭吉創刊《時事新報》，福翁之於女性論的書寫亦不在少數，一八八五至一八八八年期間，有〈日本婦人論〉及其〈後論〉、〈品行論〉、〈男女交際論〉及其〈餘論〉、〈婚姻早晚論〉、〈日本男子論〉；而一八九八至一八九九年期間，另有《福澤先生浮世談》、《女大學評論・新女大學》等著作出版（西川俊作，一八）。

福澤諭吉的男女平權思考爲長期以來「男尊女卑」的日本社會帶來另一項思想震撼，一九〇一年福翁長逝之後，有一不知名的婦人特意爲此獻上鮮花，並留下一篇感念的哀悼文，在《福澤先生哀悼錄》中寫著「過去拜讀《時事新報》福澤先生爲日本婦女發表的幾篇高見，讓吾輩深受庇蔭，心懷喜悅且感謝（略）」（西川俊作，一九—二〇），[14]顯見透過平面媒體的力量，福翁試圖改變傳統社會世相之貢獻，不容小覷。

13　原文：天の人を生ずるや、開闢の始め、一男一女なるべし。（略）又男といい女といい、ひとしく天地間の一人にて軽重の別あるべき理なし。（見福澤諭吉〈中津留別の書〉，收錄於《福澤諭吉全集》第二十卷）。

14　原文：「私事まいまい時事新報紙上にて日本婦人の為め先生が御高説を拝見致し、乍失礼私共の好き

前述福澤諭吉從階級的平等、性別的平等談起，那麼對於族群的平等，他又是何等視之？一八八五年三月十六日，福澤諭吉在《時事新報》發表兩千字左右的「脫亞論」（西川俊作，二〇），從鄰國日本的角度觀察大清與朝鮮如何背離「文明開化」的時代脈動，意圖墨守傳統華夷體制下的排外主義，繼續食古不化下去，最後福翁做出嚴苛的結論是，日本已無法再等鄰國文明開化，共同振興亞洲，勿寧脫亞入歐，仿效西洋列強亦對其他的亞洲諸國採行帝國主義政策，更不會特意對鄰國大清、朝鮮而予以通融！[15]

友とかげながら有難く御うれしくご慕わしく存居候折柄、（略）此の粗末なる花一枝先生の御霊前に御手向け被下度願上候（略）。」（《福沢先生哀悼録》，みすず書房，復刊一九八七年，二一七）

15 原文：今日の謀りを為すに、我国は隣国の開明を待て共に亜細亜を興すの猶予ある可らず、寧ろ其伍を脱して西洋の文明国と進展を共にし、その支那朝鮮に接するの法も隣国なるが故ににとて特別の会釈に及ばず、正に西洋人が之に接するの風に従て処分可のみ。（《時事新報》〈脫亞論〉，收錄於《福澤諭吉全集》第十卷，二四〇）

福澤諭吉的〈脫亞論〉

福澤諭吉受到巴克爾（Henry Thomas Buckle，一八二一—一八六二）《英國文明史》與基佐（Francois Guizot，一七八七—一八七四）《歐洲文明史》二書的影響，在他自己的《文明論之概略》一書中，針對區域文明的發展，分爲文明、文明未開、野蠻等三個層次。所謂「文明」乃良善、正義、力量、進步的結合。西洋文明開始朝往世界拓展，乃人類歷史走向進步的表徵，然而卻引發文明與野蠻之間的對立與衝突，這是歷史的必然。在福澤諭吉的認知中，倘若日本要成爲獨立自主的近代國家，就必須引進西洋文明，而文明與侵略之間的一體兩面，卻是近代日本所必須面對的課題（松永昌三，一二一—一二二）。

從一八九五年清日甲午戰爭乃至一九〇五年日俄戰爭爲止，戰事的結果清楚顯示較過去日本社會「興亞論」之思惟而言，[16]福澤諭吉的「脫亞論」的確是略勝一籌。然而，一九五〇年代伴隨日本戰後的反省，福澤諭吉的脫亞入歐主義，一如一八八六年英

---

16 為排除來自歐美列強的威脅與壓迫，近代日本社會部分有識者主張應聯合東亞國家，從文明開化、相互協同、合邦提攜等著手，建構東亞新秩序，以與西方勢力抗衡。然而，因應國際情勢的演變，各種論調莫衷一是。

國文學作品《變身怪醫（*Strange Case of Dr. Jekyll and Mr. Hyde*）》，從令人驚艷的人間平等論者，跌落至帝國主義者的萬惡深淵裡。根據西川教授的研究，福澤諭吉自《時事新報》創刊以來，連續三年撰寫超過八十篇以上的小文，力倡朝鮮應該試與清廷脫離宗主關係，致力於文明開化，獨立自主，並與日本、俄羅斯協同，力抗歐美列強的蠶食。然而，最後導致福翁放棄興亞理想，進而撰寫「脫亞論」的關鍵，即一八八五年的清法戰爭，[17]以及朝鮮半島的甲申事變，[18]而這兩個事件共通之處，即清廷之於越南、朝鮮的「宗主權」議題。

一八八五年三月十六日《時事新報》刊出社論〈脫亞論〉，相對於福澤諭吉的撰寫手法，〈脫亞論〉之內容相對地言簡意賅，無論該文是否出自福翁之筆，或是福翁授意下由子弟執筆撰稿，該文刊出之後，震撼日本社會，更導致福澤諭吉被視之爲權道主義

17 清法戰爭（一八八三年十二月—一八八五年四月），清廷與法國爭奪越南主權的戰爭。戰役除了在越南境內展開之外，法國更派遣部隊攻打雲南邊界，並由法國海軍上將孤拔率領遠東艦隊，擊敗中國福建、南洋兩艦隊，控制臺灣海峽制海權，且一度占領澎湖與北臺灣的基隆。

18 甲申事變乃一八八四年朝鮮王朝政變，在日本協助下，由金玉均等急進開化的獨立黨人所主導的政變，意圖一掃親清派的事大黨勢力，另建新政權。或稱「朝鮮事件」，其後因清廷介入，被清將袁世凱率軍平定，僅維持三日。

者，〈脫亞論〉的思考邏輯如下。

日本位處東亞地區之東緣，如今國民精神已往脫亞入歐方向轉型。不幸的是鄰近兩國，即中土與朝鮮，該兩國自古習於東亞政教風俗，與日本無異，篤信儒家思想，表象上言必稱仁義禮智，卻無眞知灼見可言，道德淪喪、寡廉鮮恥，但仍傲然而無自省之念。面對文明東漸之際，該兩國似乎仍無意走獨立之路。所幸該國中亦出現志士，意圖著手於開國進取，一如日本的維新，革新政治、喚起人心。無庸置疑地，倘若再不有所作爲，數年之間勢必走上亡國之道，而其領土恐將遭海外文明諸國瓜分殆盡。

文明開化的風潮一如痲疹四處傳染，而中土與朝鮮爲了避免被感染，乃自我隔離於一室，讓空氣滯塞而無法流通。輔車相依、唇亡齒寒，舊教之中鄰國相助乃天經地義，但如今無論中土或朝鮮眼見日本的困境，不僅不會拿出毫釐之援，在西人眼中此三國地利相接，經常被等同視之，西洋文明國對中土、朝鮮的評價，往往也直接套用於日本社會。

例如，中土與朝鮮政府行專制之道，毫無法治觀念，西人亦質疑日本乃非法治國家；中土與朝鮮的有識之士科學觀念闕如、甚至深感惑溺，導致西洋學者誤判日本亦是陰陽五行之國；倘若中土人士卑屈而鮮恥，日本社會的俠義之氣自然被漠視；假設朝鮮有殘酷拷問之行徑，日本可能也被誤會是無情社會，諸如此類不勝枚舉。

但就如一村一町當中，多數人的行徑是愚駑、無法、殘忍、無情，即使有少數正直之士，但整體的形象已難轉圜。如今諸如此類的負面形象，已成爲日本對外關係上的障礙，只能以不幸稱之。如今已是策略確立之際，日本無法再等鄰國文明開化，共同振興東亞了。不如與西洋文明國共進退，亦無須以鄰國之情而與中土、朝鮮交流，而改以西洋之法即可。近惡者惡，日本應謝絕東亞之惡友也。

以下茲引《時事新報》一八八五年（明治十八）三月十六日社論〈脫亞論〉之原文附載於後，方便參酌。

世界交通の道、便にして、西洋文明の風、東にし、到る処、草も木も此風に靡かざるはなし。蓋し西洋の人物、古今に大にるに非ずと雖ども、其挙動の古に遅鈍にして今に活発なるは、唯交通の利器を利用して勢に乗ずるが故のみ。故に方今東洋に国するものの為に謀るに、此文明東漸の勢に激して之を防ぎ了るべきの覚悟あれば則ち可なりと雖ども、苟も世界中の現状を視察して事実に不可なるを知らん者は、世と推し移りて共に文明の海に浮沈し、共に文明の波を揚げて共に文明の苦楽を与にするの外あるべからざるなり。

文明は猶麻疹の流行の如し。目下東京の麻疹は西国長崎の地方より東漸して、春暖と共に次第に蔓延する者の如し。此時に当り此流行病の害を悪て之を防がんとするも、果して其手段あるべきや。我輩断じて其術なきを証す。有害一偏の流行病にても、尚且其勢には激すべからず。況や利害相伴うて常に利益多き文明にてをや。啻に之を防がざるのみならず、力めて其蔓延を助け、国民をして早く其気風に浴せしむるは智者の事なるべし。

西洋近時の文明が我日本に入りたるは嘉永の開国を発端として、国民漸く其採るべきを知り、漸次に活発の気風を催うしたれども、進歩の道に横わるに古風老大の政府なるものありて、これを如何ともすべからず。政府を保存せん歟、文明は決して入るべからず。如何となれば近時の文明は日本の旧套と両立すべからずして、旧套を脱すれば同時に政府も亦廃滅すべければなり。然ばち文明をて侵入を止めん歟、日本国は独立すべからず。如何となれば世界文明の喧嘩繁劇は東洋孤島の独睡を許さざればなり。

是に於てか我日本の士人は国を重しとし政府を軽しとするの大義に基き、また幸に帝室の神聖尊厳に依頼して、断じて旧政府を倒して新政府を立て、国中朝野の別なく一切万事西洋近時の文明を採り、独り日本の旧套を脱したるのみならず、亜細亜全洲の中に在て新に一機軸を出し、主義とする所は唯脱亜の二字に在るのみ。

我日本の国土は亜細亜の東辺に在りと雖ども、其国民の精神は既に亜細亜の固陋を脱して西洋の文明に移りたり。然るに爰に不幸なるは近隣に国あり、一を支那と云い、一を朝鮮と云う。此二国の人民も古来、亜細亜流の政教風俗に養わるること、我日本国民に異ならずと雖ども、其人種の由来を殊にするか、但しは同様の政教風俗中に居ながらも遺伝教育の旨に同じからざる所のものある歟、日支韓三国相対し、支と韓と相似るの状は支韓の日に於けるよりも近くして、此二国の者共は一身に就き又一国に関して改進の道を知らず、交通至便の世の中に文明の事物を聞見せざるに非ざれども、耳目の聞見は以て心を動かすに足らずして、其古風旧慣に恋々するの情は百千年の古に異ならず、此（この）文明日新の活劇場に教育の事を論ずれば儒教主義と云い、学校の教旨は仁義礼智と称し、一より十に至るまで外見の虚飾のみを事として、其実際に於ては真理原則の知見なきのみか、道徳さえ地を払うて残刻不廉恥を極め、尚傲然として自省の念なき者の如し。

我輩を以て此二国を視れば、今の文明東漸の風潮に際し、迚も其独立を維持するの道あるべからず。幸にして其国中に志士の出現して、先ず国事開進の手始めとして、大に其政府を改革すること我維新の如き大挙を企て、先ず政治を改めて共に人心を一新するが如き活動あらば格別なれども、しもらざるに於ては、今より数年を出でずして亡国と為り、其国土は世界文明諸国の分割に帰すべきこと一点の疑あることなし。如何となれば麻疹に等しき文明開化の流行に遭いながら、支韓両国は其伝染の天然に背き、無理に之を避けんとして一室内に閉居し、空気の流通を絶て窒塞するものなればなり。輔車唇歯とは隣国相助くるのなれども、今の支那朝鮮は我日本のために一毫の援助と為らざるのみならず、西洋文明人の眼を以てすれば、三国の地利相接するが為に、時に或はこれを同一視し、支韓を評するの価を以て我日本に命ずるの意味なきに非ず。

例えば支那、朝鮮の政府が古風の専制にして法律の恃むべきものあらざれば、西洋の人は日本も亦無法律の国かと疑い、支那、朝鮮の士人が惑溺深くして科学の何ものたるを知らざれば、西洋の学者は日本も亦陰陽五行の国かと思い、支那人が卑屈にして恥を知らざれば、日本人の義侠も之がために掩われ、朝鮮国に人を刑するのなるあれば、日本人も亦共に無情なるかと推量せらるるが如き、是等の事例を計れば枚挙に遑あらず。之を喩えば隣軒を並べたる一村一町内の者共が、愚にして無法にして然かも残忍無情なるときは、稀に其町村内の一家人が正当の人事に注意するも、他の醜にわれて堙没するものに異ならず。其影響の事実に現われて、間接に我外交上の故障を成すことは実に少々ならず、我日本国の一大不幸と云うべし。

左れば、今日の謀を為すに、我国は隣国の開明を待て共に亜細亜を興すの猶予あるべからず、寧ろ、其伍を脱して西洋の文明国と進退を共にし、其支那、朝鮮に接するの法も隣国なるが故にとて特別の会釈に及ばず、正に西洋人が之に接するの風に従て処分すべきのみ。悪友を親しむ者は共に悪名を免かるべからず。我れは心に於て亜細亜東方の悪友を謝絶するものなり。

福澤諭吉之於亞洲的基本觀點，從他在《時事新報》發表的一篇題爲〈東洋の政略果して如何せん〉，可以略知一二。一言蔽之，從同種人類的立場而言，對於歐洲人對非歐裔人士的逞威作福，顯然難以認同（松永昌三，一三四—一三五）。[19]然而，在福翁的心底層面，一邊批判歐洲人的態度與作爲，但卻也產生某種程度的欣羨情結。爲了能與萬國對峙，引進西洋文明乃日本社會走向近代化的第一步，而無可避免地，日本遲早亦可能使海外其他地區被殖民地化，而這裡所涉及的是日本將被文明國所蠶食，抑或是進入文明國的行列，尋找良餌乎（松永昌三，一四五—一四六）。[20]

換言之，福澤諭吉的主張是應該與文明國爲伍，即致力成爲弱肉強食中的強者。因此，在清法戰爭爆發時，福翁的立場是「國家的行動不能與個人道德混爲一談」，因而在《時事新報》一八八五年三月九日號，發表社論〈国交際の主義は修身論に異なり〉。國際關係基本上是取決於國家相互間的勢力消長，因此個人道德難以與國家道德混同，而一切是非對錯之論斷則應付諸百年之後，畢竟勝者爲王、敗者爲寇，最後的榮辱與否皆由敗者承擔，而正義、武勇則站在勝者這方（松永昌三，一四八）。

---

19 參照〈東洋の政略果して如何せん〉（《時事新報》，一八八二年十二月七日號）。

20 參照〈外交論〉（《時事新報》，一八八三年十月一日號），原文：我日本国は其食む者の列に加はりて文明国人と共に良餌を求めん歟、数千年来遂に振はざる亜細亜の古国と伍を成し共に古風を守て文明国人に食はれん歟、猟者となりて兎鹿を狩る歟、兎鹿と為りて猟者に狩らるる歟、二者其一に決せざる可らず。

根據上述的思考邏輯，最後則與「脫亞論」連結，福澤諭吉強調日本已經沒有多餘時間等東亞鄰國走向文明開化，勿寧謝絕東亞之惡友，而與西洋文明國共進退爲上，畢竟與惡友爲伍，則難免被冠上惡名。[21]至於福澤諭吉的心底層面，是否眞爲帝國主義者？西川俊作教授認爲福翁的眞意其實僅止於亞洲國家的文明化議題罷了，而具體佐證則是福澤諭吉曾指示門生井上角五郎（一八六〇―一九三八）前往朝鮮，協助朝鮮官報《漢城週報》的出刊，以啓蒙朝鮮民衆（西川俊作，二二）。

然而，這個論點恐怕難以獲得甲子園大學教授廣田昌希的認同。廣田教授認爲，人類的思惟經常會因時空環境、社會氛圍而改變（廣田昌希，二四）。一八八一年，福澤諭吉出版《時事小言》，文章冒頭便開宗明義地一語道破「天然的自由民權論乃爲正道，而人爲的國權論則是權道」，正道是一個理想，然而在俗世間經常難以受用，對於來自他者的暴行，僅能以暴制暴還以顏色，因此我輩亦只能成爲權道的追隨者。換言之，自此之後，福澤諭吉的思惟傾向權道主義（廣田昌希，二三），也爲戰後被認爲是日本帝國主義思想的源流，埋下伏筆。

另一方面，廣田教授的研究認爲，福澤諭吉從主張自由、平等、獨立與合理主義等

21　〈脫亞論〉（《時事新報》，一八八五年三月一六日號）。原文：悪友を親しむ者は共に悪名を免かるでからず。我れは心に於て亜細亜東方の悪友を謝絶するものなり。

近代精神，逐漸轉型成脫亞入歐、歐化亞侵的權道主義者，甚至乾脆認爲貧窮小民無須接受太多的教育等，這樣的改變或許並非福澤諭吉個人的問題，而是與近代日本的發展脈動息息相連。一八八一年福澤諭吉主倡權道主義，該年正是日本社會的「自由民權運動」[22]變得普遍且激化的時期，更讓明治政府感覺棘手。

而福澤諭吉撰寫《學問之勸》，是從文明開化的角度主張日本社會應該習得西洋文明。從西洋崇拜、蔑視野蠻開始，連帶地文明未開成爲被否定的存在。於是，無學的民衆、食古不化的朝鮮、大清等皆成爲被否定的對象，「脫亞論」思考乃因應而生（廣田昌希，三四—三五）。福翁的發表著作可謂是等身高的存在，而其中〈脫亞論〉則是不亞於《學問之勸》，受到各界矚目。

姑且把因時制宜的權道主義思惟放置一旁，福澤諭吉在晚年的著述《福翁百話》中，自詡自己的思考邏輯有二，其一是人事一切莫過於學理之思考（人事に学問の思想を要す）；其二則是實學的重要（実学の必要）。福澤諭吉認爲人世間的一切都有其學理依據，太過專業的部分則可委由專家處理，但在一般教育過程中，思辨能力的學習卻是不可或缺；而文明事業皆立基於學理依據，因此實學教育是重要且必要的。換言

---

22 明治日本初期的一項普遍、廣泛的政治運動（一八七四—一八八二），從舊士族、知識分子乃至豪農階層，以擴大人民的權利與自由為訴求，力抗明治政府的藩閥政治。

之，《福翁百話》的思考邏輯與《學問之勸》的主張，基本上是相互呼應（永田守男，一九六－一九七）。

貳　《學問之勸》眞義

往上提升的帝王之道

一八七二年（明治五）福澤諭吉以文宣小冊，花了五年完成十七編的《學問之勸》，初刊當時，便一舉成爲近代日本首部暢銷書，亦因而以名著之姿流傳至今，成爲日本社會衆所皆知的大作。即使該書想傳達的宗旨超越時空，仍有其時代意義，然而遺憾至極地，多數日本人對於《學問之勸》的內涵毫無知悉，更遑論是海外人士。

事實上，福翁在創作該書時，以「孩童亦能理解」爲目標撰寫該書，因此撰寫手法相對平易，且條理井然、趣旨明確。但因撰寫的年代相隔百年以上，用詞遣字多所出入，《學問之勸》乃淪爲艱澀難懂的文學「名」著，到底該書想傳達什麼樣的訊息？多數日本人都是一知半解，甚至一頭霧水。

其實，《學問之勸》十七編最重要的宗旨，以一言蔽之，即「以學問開創人生」！身處於階級社會日本的福澤諭吉，他主張人類社會之於階級關係，端賴學問之有無，因此年輕人想要往上提升，就必須致力於學問之精進（齋藤孝，八—九）。

一 《學問之勸》之內涵

一如前述，《學問之勸》十七編可謂是福澤諭吉根據自己的信念所完成的作品。〈初編〉之開頭便明言，「天不在人上造人亦不在人下造人」是因應鄉里辦學之所需而與小幡篤次郎（一八四二—一九〇五）合著撰寫，出刊半年後，明治政府打出「國民皆學」的教育方針，並成爲教科書的內容之一。而該書每編之篇幅，平均約十頁左右，相對是言簡易賅。雖然各編主題皆可獨立存在，但概括言之，〈初編〉與〈二編〉、〈三編〉可合併閱讀；〈四編〉與〈五編〉可合併思考，而自〈六編〉以後則自成體系（遠山茂樹，四五—四六）。

《學問之勸》〈初編〉刊行之後不久，隨即有愛知縣發行、福澤諭吉口述的《學問之論》出版，即使在該書末尾，內容上明顯與《學問之勸》部分相違，一般多以僞版視之。從〈二編〉以後的字裡行間觀之，由愛知縣政府發行的僞版之作，多少有爲政府政令代言之嫌（遠山茂樹，四八）。事實上，〈初編〉發刊後半年，明治新政府便公告學制。

《學問之勸》全十七編之趣旨，所探討的內容以一言蔽之，即近代國民的基本素

〔表〕《學問之勸》十七編內容大要一覽

初編	天不在人上造人亦不在人下造人…… （天は人の上に人を造らず人の下に人を造らずと言えり、……） （明治五年二月）
二編	端書　人際間的同等事宜 （端書　人は同等なる事） （明治六年十一月）
三編	國際間的同等事宜 （国は同等なる事、一身独立して一国独立する事） （明治六年十二月）
四編	論學者之職分　其一 （学者の職分を論ず　その一、附録） （明治七年一月）
五編	論學者之職分　其二（演講稿） （学者の職分を論ず　その二、明治七年一月一日の詞） （明治七年一月）
六編	論國法之可貴 （国法の貴きを論ず） （明治七年二月）
七編	論國民之職分 （国民の職分を論ず） （明治七年三月）
八編	不可以我心制他人身 （我心をもって他人の身を制すべからず） （明治七年四月）

九編	學問之目的所爲何事 （学問の目的とはなにか、学問の旨を二様に記して中津の旧友に贈る文） （明治七年五月）
十編	提升學問的目標 （学問の目標を高い水準におけ、前編の続き、中津の旧友に贈る） （明治七年六月）
十一編	名分與職分之相違 （名分と職分の違い、名分をもって偽君子を生ずるの論） （明治七年七月）
十二編	講演乃學問研究的一項重要手法 （演説の法を勧むるの説、人の品行は高尚ならざるべからざるの論） （明治七年十二月）
十三編	怨念有害論 （怨望の人間に害あるを論ず） （明治七年十二月）
十四編	心念的盤點與決算 （心念の棚卸、世話の字の義） （明治八年三月）
十五編	凡事存疑並斷然取捨 （事物を疑って取捨を断ずる事） （明治九年七月）

十六編	守護眼前的獨立 （手近く独立を守る事、心念と働きと相当すべきの論） （明治九年八月）
十七編	論人望 （人望論） （明治九年十一月）

（作者自製，參自福澤諭吉《学問のススメ》岩波文庫版）

養，更涵化了福澤諭吉之於己身、之於社會國家的終極目標與理想。以國民個人的獨立自尊爲始，社會國家亦應立足於「天理人道」與「萬國公法」之上，在對等、獨立的前提下活躍於國際社會。該書的文脈前後連貫，實用之學的內涵、自由平等的分際、獨立精神的養成等特質，隨處可見。因此《學問之勸》亦可說是近代日本有效展現合理主義的代表作之一，然而在字裡行間中，急於打破舊封建思惟的矯激言論，以及透過「學問」有無的差別思惟，則受到當時反對人士的批判與撻伐。

《學問之勸》完成之當時，乃明治維新之後未久，因此撰文中的「現今」、「當今」、「今日」之語，多是指百年以上的當時。而該書全十七編，敘事內容相對冗長，以下茲舉各編重點概述之。

〈初編〉天不在人上造人亦不在人下造人……

〈初編〉亦可謂是《學問之勸》的序言，乃福澤諭吉與小幡篤次郎的共著之作，完成於一八七一年（明治四）

十二月。由於福翁的故鄉中津市一帶即將開辦學校，因而撰寫「學問」旨趣交付舊識，其間有人提議應公表於世，讓更多人俾受其益，因此才委由慶應義塾協助活字印刷，提供有志者閱覽（初編，一八）。[1]

〈初編〉之所以一經刊出便受到日本社會的普遍關注，在於冒頭之一句，「天不在人上造人，亦不在人下造人」（初編，一一），[2]這對長期以來的階級社會日本而言，著實觸動人心。橫濱市立大學榮譽教授遠山茂樹認爲，福澤諭吉之所以有上述的這項觀念，可能是受到美國獨立宣言所影響（遠山茂樹，四七）。然而，一般認爲福澤諭吉並非人間平等論的絕對擁護者，他不過是意圖闡明人之所以有上下階層的區別，關鍵在於「學問」之有無，因而鼓勵社會大衆須致力向學，修補運勢（齋藤孝，九）。福翁主張人天生並無貴賤貧富之別，而是勤於學習者便有機會成爲富貴之人；相反地，無學者則

1　原文：このたび余輩の故郷中津に学校を開くにつき、学問の趣意を記して旧く交わりたる同郷の友人へ示さんがため一冊を綴りしかば、或人これを見て云く、この冊子を独り中津の人へのみ示さんよりり、広く世間に布告せばその益もまた広かるべし、と薦めに由り、乃ち慶応義塾の活字版をもってこれを摺り、同志の一覧に供うるなり。（初編）

2　原文：天は人の上に人を造らず人の下に人を造らずと言えり。

淪爲貧賤之身（初編，一二）。[3]換言之，人之所以富貴，實與勤學與否相互連動（齋藤孝，一〇），而這亦是福澤諭吉撰寫《學問之勸》〈初編〉之旨趣所在。

〈初編〉的撰文主旨可分爲四個概念，其一是何以人必須爲學；其二是學問的用處何在；其三是學問與自由相連動；其四則是學問與國家的關係。在該文開頭福澤諭吉對讀者提出一個疑問，即這個社會何以會有「人上人」與「人下人」之別，關鍵在於每個人對於自己所做的工作，經常多與自己的身分、地位相符。因此，無論是什麼工作，學習與努力絕對是不可或缺的。而人之所以有上下的區別，並非與生俱來，而是學問之有無罷了。

然而，同樣是爲學，何以有些人空有學問，卻總是懷才不遇，困頓一生呢？福澤諭吉認爲何謂「學問」，即一種專業技術，欠缺這項專業或技術，在日常生活上會有所不便者稱之。而學問的內涵亦有輕重緩急之分，福澤諭吉所謂的「學問」，指的是別具生活機能的實用之學（初編，一二），[4]即從識字、算數開始，乃至語學、化學、物理

---

3 原文：諺に云く、天は富貴を人を与えずしてこれをその人の働きに与うるものなりと。されば前にも言える通り、人は生まれながらにして貴賤貧富の別なし、ただ学問を勤めて物事をよく知る者は貴人となり富人となり、無学なる者は貧人となり下人となるなり。

4 原文：専ら勤むべきは人間普通日用に近き実学なり。

學、地理學、歷史學、經濟學、修身學等皆屬之。

福翁認為倘若士農工商各行各業，因為學而懂其學理之道，術業專攻，並藉以提升工作效率，則能各司其職，汲汲家業，不僅己身能夠獨立、一家經濟亦能獨立、而天下國家更能求得獨立自主（初編，一三）。[5]

顯見福澤諭吉思考哲學的基本理念「一身獨立、一家獨立、一國獨立、世界和平」，在《學問之勸》〈初編〉便開宗明義，一語道破，而這又與中國儒家所謂「修身、齊家、治國、平天下」有異曲同工之處。值得注意的是，福翁主張為學的目的是了解自我分際（初編，一三）。[6]分際或可謂是「職分」，不懂分際的範圍，或易以自由為名，卻流於任性之實，甚至成為妨礙他人的絆腳石（初編，一三）。個人如此，而國家亦同（初編，一四）。[7]

明治初期當時，日本社會士農工商「四民之制」的慣習思考依舊根深蒂固，因此福

5　原文：この心得ありて後に士農工商各々その文を尽し、銘々の家業を営み、身も独立し家も独立し天下国家も独立すべきなり。

6　原文：学問をするには分限を知ること肝要なり。

7　原文：実に国の分限を知らず、一人の身の上にて言えば天然の自由を達せずして我儘放蕩に陥る者と言うべし。

翁之於「學問」之勸，乃主張應修習與自己的身分地位相符之學問。而所謂人者，需順應士農工商四民身分，以足夠之智德經營家業，一身獨立，家亦獨立，天下國家便可獨立（大久保啓次郎，一一二）。[8]

整體而言，福澤諭吉似乎是主倡四民平等、自由獨立；然而，福翁主張貴賤貧富皆有其本分，因此每個人應依自己的身分階層，修習可相對應之專業才德（初編，一六一一七），[9]根據遠山教授的說法，福澤諭吉的腦海裡，還是難以排除身分秩序之舊慣（遠山茂樹，四七）。在福翁的認知中，人的身分高低的確是和其與生俱有之家世背景、才智人格等，息息相關。然而，一旦民度提升，對於社會的不公不義，民眾便懂得善用管道，向政府提出申訴，而此亦爲國民大眾可有效表達己見之分際。

---

8 原文：人たる者は貴賤上下の区別なく、みなことごとくたしむべき心得なれば、この心得ありて後に、士農工商おのおのその分を尽くし、銘々の家業を営み、身も独立し、家も独立し、天下国家も独立すべきなり。

9 原文：凡そ人たる者はそれぞれの身分あれば、またその身分に従い相応の才徳なかるべからず。（略）仮に人民の徳義今日よりも衰えてなお無学文盲に沈むことあらば、政府の法も一段厳重になるべく、もしまた人民皆学問に志して物事の理を知り文明の風に赴くことあらば、政府の法もなおまた寛仁大度の場合に及ぶべし。

福澤諭吉主張，人有貴賤貧富之別，雖非是與生俱來的，唯修得學問、明辨事物者，有機會成爲貴人、富人，而無學者則成爲貧人、下人（初編，一二）。[10]而所謂「學問」，指的不是閱讀古文、欣賞和歌、詩文創作等無益世事的文學活動，而是指地理學、物理學、歷史學、經濟學、修身學等可直接應用於日常生活的實學。然而，這類的學問幾乎多從西洋書物修習得來，因此就必須與海外交際、交流（初編，一三）。[11]而爲學的最終目的，即求得國家的自由與獨立。

事實上，以〈初編〉爲首，《學問之勸》各篇宗旨皆強調「分際」二字。福澤諭吉認爲，爲學的目的在於對自我本分的清楚認知（初編，一三），[12]乍看之下，似乎是與自主獨立相違，是身分階級社會的產物。然而，福澤諭吉卻有自己的獨到見解，福翁主張每個人並無與生俱有的貴賤上下之別，而是在不妨礙他人自由的前提下，自主完遂所應承擔之己任。相對地，只要符合天理，一旦人身自由遭受迫害，便可義無反顧地力抗

10　原文：身分重くして貴ければ、おのづからその家も富んで、下々のものより見れば及ぶべからざるやうなれども、その本を尋ぬれば、ただその人に学問の力あるとなきとによりて、その相違も出来たるのみにて、天より定めたる約束にあらず。

11　原文：これらの学問をするに、いずれも西洋の翻訳書を取調べ（略）。

12　原文：学問をするには分限を知ること肝要なり。

之，而國家亦同。

換言之，遠山教授認爲，福翁所謂的「分際」，指的是「社會責任」，亦是自由與放蕩之別（遠山茂樹，五〇），而這項道理不僅適用於個人，亦適用於國家（初編，一三—一四）。[13]國與國的相互交流應符合天理人道，一旦國家受辱，則國民爲保守國家威光，追求國家的自主獨立，捨身取義在所不惜（初編，一四）。[14]福澤諭吉所主張的自由及其所伴隨而來的「獨立」，最後則與社會、國家連動在一起。

而無論是個人抑或是國家，順應天理，都是自由平等的。倘若政府試圖妨礙個人自由，就應敢然與之抗爭；倘若有一股勢力試圖妨礙一國之自由，甚至成爲萬國公敵，理應毫不畏懼地對抗之（初編，一六）。[15]而不容諱言地，維新之後，日本社會四民平

13　原文：即ちその分限とは、天の道理に基づき人の情に従い、他人の妨げをなさずして我一身の自由を達することなり。自由と我儘との界は、他人の妨げをなすとなさざるとの間にあり。（略）また自由独立の事は、人の一身に在るのみならず一国の上にもあることなり。

14　原文：国の恥辱とありては日本国中の人民一人も残らず命を捨てて国の威光を落とさざるこそ、一国の自由独立と申すべきなり。

15　原文：人の一身も一国も、天の道理に基づきて不羈自由なるものなれば、もしこの一国の自由を妨げんとするものあらば世界万国を敵とするも恐るるに足らず、その一身の自由を妨げんとするものあら

等，過去農工商等庶民階層的社會地位，一舉提升，然而卻導致亂暴行爲頻仍，此乃源自於國民大衆的無知、文盲，所帶來的社會困擾與隱憂。福翁認爲良善的政府與民智高低互爲表裡。

福澤諭吉的主張，以一言蔽之，倘若國民皆學，明事理、辨是非，社會風氣文明開化，政府法令自然不得不寬仁大度。換言之，法制的苛責或寬仁與否，端賴國民的智德有否（初編，一七）。[16]

〈二編〉人際間的同等事宜

延續〈初編〉所謂的人與人之間、國民與政府之間應該各司其職，相互敬愛，而非弱肉強食、相互掣肘。在〈二編〉開頭，開宗明義「學問」之定義，區分爲「有形」的學問與「無形」的學問兩類。心學、神學、理學乃無形之學問；而天文、地理、窮理、

ば政府の官吏も憚るに足らず。

16 原文：もしまた人民皆学問に志して物事の理を知り文明の風も赴くことあらば、政府の法もなおまた寛仁大度に及ぶべし。法の苛きと寛やかなるとは、ただ人民の徳不徳に由って自ずから加減あるのみ。

化學等則屬於有形之學問。我們應該增長知識、擴大見聞，才能明辨事非道理，了解自我職責之所在。爲了增廣見聞，必須聽取前輩經驗，或是精進技藝，抑或是博覽群書。因此爲學的前提莫過於具有閱讀能力，但閱讀卻不等於爲學（二編，一九）。[17]福澤諭吉以「讀論語但不懂論語」，定義之。

另一方面，福澤諭吉雖稱人際之間乃對等存在，但其所指的是「權理通義」之事，在現實上卻有貧富、強弱、愚智之別（二編，二一）。[18]所謂「權理通義」乃指個人的生命、財產、名譽應該受到保障（二編，二二）。[19]福翁認爲平等的權利與義務，

17　原文：学問とは広き言葉にて、無形の学問もあり、有形の学問もあり。心学、神学、理学等は形なき学問なり。天文、地理、窮理、科学等は形ある学問なり。何れにても皆知識見聞の領分を広くして、物事の道理を弁え、人たる者の職分を知ることなり。知識見聞を開くためには、或いは人の言を聞き、或いは自ら工夫を運らし、或いは書物をも読まざるべからず。故に学問には文字を知ること必要なれども、古来世の人の思う如く、ただ文字を読むのみをもって学問とするは大なる心得違いなり。（二編）

18　原文：但しその同等とは有様の等しきを言うに非ず、権理通義の等しきを言うなり。その有様を論ずるときは、貧富強弱智愚の差あること甚だしく（略）。

19　原文：即ちその権理通義とは、人々その命を重じ、その身代所持の物を守り、その面目名誉を大切にするの大義なり。

乃是每個人所與生俱有的，然而若欠缺學問之修得，便難以伸張自我權利，更遑論善盡己任與義務，而其撰寫勸學的意義則莫過於此。

人與人之間皆有同等的地位、平等的權利，出生之際是沒有上下階級的區別。每個人皆具有尊重生命、保守財產的權利，而人格與名譽更遠勝於一切。無論身處什麼狀態，這個權利不容他人任意侵犯。在舊幕府時代，武士與平民之間的社會地位天壤之別，武士總是逞其猛威，視百姓町人為罪人。而政府與平民的關係更是有過之而無不及，不僅是幕府，地方大名亦在自家領地開設小政府，任意支配平民百姓，不認可他們的基本人權。

事實上，當政府與民眾之間皆擁有對等權利的同時，兩者所應承擔之義務亦同，但現實上政府與民眾之間的確具有強弱之別。政府向民眾收取年貢米與稅金，就應該正當運用，保護民眾，這是政府所應善盡之職務，畢竟國家的財富收入乃取之於國民。因此政府與民眾之間的相互關係既有契約、亦有義務，應該以禮相待（〈二編〉，二四—二五）。[20]

福澤諭吉認為無學者既不解國法，亦不知己任，天生就是遭致政府壓制的對象，因

---

20 原文：とにかくに等しく恩のあるものならば、一方より礼を言いて、一方より礼をいわざるの理はなかるべし。

爲政府勢必會以苛政處置無學、文盲的投機取巧者。因此，唯以學問爲職志，修煉自己的能力與品格，才能有效與政府抗衡，避免招致苛政之禍，確保國民之於政府能擁有對等的資格與地位（大久保啓次郎，二一）。

〈三編〉國際間的同等事宜

延續之前〈二編〉的主張，人與人之間無論貧富、強弱、官民之別，皆有同等的權理通義（right）（三編，二七），[21]福澤諭吉認爲國與國之間的關係亦同。因爲國家乃國民的集合體，因此前述人與人之間的權理通義也適用於國家（三編，二七），[22]普世的價值不會因人數多寡而改變（三編，二七）。[23]貧富強弱並非是與生俱來而永不得翻身，關鍵只在於勤與不勤而已（三編，二八）。[24]倘若每個日本國民從此立志向

---

21 原文：凡そ人さえ名あれば、富めるも貧しきも、強きも弱きも、人民も政府も、その権義において異なるなしとのことは、第二編に記せり。国は人の集まりたるものにて（略）。

22 原文：今この義を拡めて国と国との間柄を論ぜん。

23 原文：物事の道理は人数の多少に由って変ずべからず。

24 原文：しかのみならず、貧富強弱の有様は、天然の約束あらず、人の勉と不勉とによって移り変るべきものにて（略）。

學，先求一身能夠獨立，國家自然便能走上富強之道，洋人之力又何足以懼（三編，二八）？[25]然而，一國之人倘若欠缺獨立之氣，又如何能爲國家伸張權益呢（三編，二九）？[26]

福澤諭吉於此編中，再次重申「一身獨立、一國獨立」的意義。延伸福翁的理論，現代日本社會的一般民衆，若能有一絲愛國情操，首先是思考如何自主獨立，其次則是協助他人獨立，並從父兄乃至子弟、教師乃至生徒，世代相傳獨立之教諭，而當全體國民都能獨立自主，國家才能受到守護。

人者，有富有貧、有強有弱，但無論是國民或政府皆有同等的權利，而世界上每個國家亦有對等之權利。無論人文武備兼俱的文明開化富強之國，抑或是文武不備的野蠻未開之國，皆有同等權利。國與國之間既是具同等權利的關係，倘若一國之民卻不具自主獨立精神，獨立國家的權利自然難以在世界各地擴展開來，理由有三：其一，欠缺獨立精神的國民，其愛國心相對稀薄（三編，二九）；[27]其二，欠缺自主獨立之自覺者，

---

[25] 原文：我日本国人も今より学問を志し、気力を慥にして先ず一身の独立を謀り、随って一国の富強を致すことあらば、何ぞ西洋人の力を恐るるに足らん。

[26] 原文：国中の人民に独立の気力なきときは一国独立の権義を伸ぶること能わず。

[27] 原文：独力の気力なき者は、国を思うこと深切ならず。

即使與海外人士交往，亦不懂得有效伸張自己的權利（三編，三二）；[28]其三，欠缺獨立之氣力者，爲了倚賴他人權勢過活，經常會因而步上惡行之路（三編，三三）。[29]而上述之三項，乃國民欠缺獨立精神所產生之弊害（大久保啓次郎，二一—二三）。

所謂「獨立」者，乃指可以自我支配，而無須倚賴他人，稱之（三編，二九）。[30]欠缺獨立氣力者，勢必凡事倚賴他人，既事事依賴人，勢必不敢得罪人，甚至極盡諂媚之能事，久而久之自然變得厚顏無恥，見人就哈腰屈膝（三編，三二）。[31]甚者，遇到大膽不敵之外國人，喪膽落志亦不足爲奇（三編，三三）。[32]國民大眾愈是欠缺獨立之

---

28 原文：内に居て独立の地位を得ざる者は、外に在って外国人に接するときもまた独立の権義を伸ぶること能わず。

29 原文：独立の気力なき者は、人に依頼して悪事をなすことあり。

30 原文：独立とは、自分にて自分の身を支配し、他に依りすがる心なきを言う。

31 原文：独立の気力なき者は必ず人に依頼す、人に依頼する者は必ず人を恐れる、人を恐れる者は必ず人に諂うものなり。常に人を恐れ人に諂う者は次第にこれに慣れ、その面の皮鉄の如くなりて、恥ずべきを恥じず、論ずべきを論ぜず、人をさえ見ればただ腰を屈するのみ。

32 原文：かの大胆不敵なる外国人に逢って、胆をぬかるるは無理ならぬことなり。

氣，殃民禍國之情事自然愈是嚴重（三編，三四），[33]因爲那些挾洋人以自重者，狐假虎威，藉機四處作奸犯科（三編，三四）。[34]

因此，活在世上而苟有些許愛國情操者，不分官民，先謀求自我的獨立，行有餘力再協助他人的獨立。父兄應教育子弟學習獨立、教師則引導生徒自我獨立，士農工商都能獨立才能守護國家。而政治人物與其以苛法管束百姓，獨自爲國家謀福利，還不如放手讓國民大衆與政府一起苦樂與共（三編，三四）。[35]

福澤諭吉透過〈三編〉之撰寫，強調國際關係一如人際關係，亦有弱肉強食之事，而爲求國家的威光不滅，就須仰賴全體國民的同心協力。唯每個國民都能致力向學，求得己身獨立，國家才有獨立自主的可能。倘若國家安全的維護皆須仰賴開明的政

---

33 原文：国民に独立の気力愈々少なければ、国を売るの禍もまた随って益々大なるべし。

34 原文：この後、万々一も外国人雑居などの場合に及び、その名目を借りて奸を働くものあらば、国の禍実に言うべからざるべし。

35 原文：今の世に生れ苟も愛国の意あらん者は、官私を問わず先ず自己の独立を謀り、余力あらば他人の独立を助け成すべし。父兄は子弟に独立を教え、教師は生徒に独立を勧め、士農工商共に独立して国を守らざるべからず。概してこれを言えば、人を束縛して独り心配を求むるより、人を放ちて共に苦楽を与にするに若かざるなり。

府，民衆永遠處於客位者的角色，一旦國家有事，自然也不會爲國家犧牲奉獻。因此，當民衆皆以維護國家生存發展爲己任時，亦才能換得眞正自由自在的生活。福翁則以普法戰爭（Franco–Prussian War，一八七〇）中普魯士之完勝，[36]以及日本桶狹間之役（一五六〇）今川家的崩壞爲例，[37]說明旗下成員倘若皆具獨立之氣，愛國之心便油然而生。否則就像是無祖國觀念的商人一般，見到外國人便一味地卑躬屈膝，崇洋媚外。

〈四編〉論學者之職分　其一

明治初期的洋學者，泛指有理性的知識分子。由於當時的洋學者多半都醉心於在政府中謀得一官半職（四編，四〇），[38]福澤諭吉在此編中論述洋學者的角色扮演，對那些一心求官者提出嚴正批判。福翁主張各種社會事業應放手讓民間經營辦理，而民力

---

36 普魯士為統一日耳曼全境，並與法國互爭歐洲盟主地位，而爆發的一場戰役，戰爭起自於法國，但最後普魯士卻是大獲全勝，並建立了德意志帝國。

37 桶狹間之役發生於一五六〇年，乃日本戰國時代的一場戰役，東海道大名今川義元率軍攻入尾張國織田信長領地，反遭織田軍奇襲而陣亡，東海道霸主今川氏自此沒落。

38 原文：方今世の洋学者流は概ね皆官途に就き、私に事をなす者は僅かに指を屈するに足らず。

所不逮之處如礦山開發、鐵道架設等重大工程建設，則由政府承擔。現代社會經常蔚爲話題的「官營事業民營化」，問題思考多著眼於官營事業欠缺競爭力，而民營事業才有競爭力。爲了追求競爭力，品質提升與削減價格，更經常成爲獎勵之標的（大久保啓次郎，三—四）。

福澤諭吉解析「政」的字義，政府能處理的問題有限，因此國家的整頓應由國民與政府相互協力，善盡本分，各司其職，才有完遂的可能（四編，三六）。[39]爲了維持明治日本的獨立，福澤諭吉主張國民與政府應相互協力，國民善盡自己的義務，而政府亦應以國家的代言人自許，擔負起應盡的責任。當今日本不及海外國家者有三，學術、商貿與法律。然而，世界的文明又與此三項緊密相結。只要該三項難以興旺，很明顯地國家則難以獨立自主（四編，三七）。[40]而三項之中，明治日本都不成氣候，其問題在

39　原文：固より政の字の義に限りたる事をなすは政府の任なれども、人間の事務には政府の関わるべからざるものもまた多し。故に一国の全体を整理するには、人民と政府と両立して始めてその成功を得べきものなれば、我輩は国民たる分限を尽し、政府は政府たる分限を尽し、互いに相助けもって全国の独立を維持せざるべからず。

40　原文：方今我国の形勢を察し、その外国に及ばざるものを挙ぐれば、曰く学術、曰く商売、曰く法律、これなり。世の文明は専らこの三者に関し、三者挙らざれば国の独立をえざること識者を俟たずして明らかなり。然るに今我国もおいて一もその体を成したるものなし。

於政府專制壓抑的氣風，以及國民大衆無智文盲與欠缺氣力所致（大久保啓次郎，三—四）。

福澤諭吉主張國家文明度的提升，端賴政府的力量是無以爲繼的，因爲問題出於國民的無知與文盲。既是如此，政府則須向國民大衆宣導勸學，否則只是徒勞無功罷了（三編，三七）！[41]福翁的言外之意是政府不應再施以愚民政策，便宜行事，一旦國民擁有了學識，便毋須在政府面前卑屈不信（四編，三八）。[42]

爲求國家的文明開化與獨立自主，就必須一掃根深蒂固的舊有氣風，關鍵作法不在於政府的政令教化或是個人說教，而是在洋學者的言動上（四編，四〇）。[43]洋學者應

41　原文：政府一新の時より、（略）事を行うに当り如何ともすべからざるの原因ありて意の如くならざるもの多し。その原因とは人民の無知文盲すなわちこれなり。政府既にその原因の在るところを知り、頻りに学術を勧め……（略）今日に至るまで未だ実効の挙がるを見ず、（略）これがため労するところの力を費やすところ金とに比すれば、その奏功見るに足るもの少なきは何ぞや。蓋し一国の文明は、独り政府の力をもって進むべきものに非ざるなり。

42　原文：近日に至り政府の外形は大いに改まりたれども、その専制抑圧の気風は今なお存せり。人民もやや権利を得るに似たれども、その卑屈不信の気風は依然として旧に異ならず。

43　原文：その任に当る者はただ一種の洋学者流あるのみ。

站在一般民眾的前頭，率先開啓事業，成爲日本未來展望的標竿，而這也是福澤諭吉自許之重任。洋學者之間應以民間的私營事業辦理學術授課、商業活動、法律研究、出版著作、發行報紙，以啓蒙社會大眾爲職志。

藉此有效消弭日本社會固有的卑屈氣風，才能培養眞正堂堂正正的大國民。國民擁有刺激政府的力量，學術、商貿、法律才能有效整備，政府與國民之間的權力均衡，國家的獨立自主亦才能被維持。

如今洋學者奧援日本國的獨立，其具體作法即進入政府部門工作，抑或是在民間獨立經營事業，但顯然福澤諭吉認爲在民間獨立經營事業更優於出仕一途（大久保啓次郎，三—四），因爲可以民間力量奧援政府。來自民間的外部之力與起自政府的內部之力相互協調，維持上下勢力的均衡。民眾在政府面前不再渺小、卑微，自然能有效展現出「國民」本色，國家有難、政權無道，「雖千萬人吾往矣」！則民眾絕不讓政府玩弄於股掌之間，而國家的獨立自尊亦能維持。

〈五編〉論學者之職分　其二

此編乃福澤諭吉在慶應義塾的一場新年會致詞稿所改寫完成的，而與〈四編〉內容雷同，即強調洋學者的角色扮演，以及民間力量的重要性（大久保啓次郎，四—五）。

福翁主張所謂的「文明」，可分爲有形的文明與無形的文明兩種。舉凡學校、工業、陸軍、海軍等，可以目視者，即有形的文明；而精神層級之物，如國民獨立之氣，則是無形的文明。倘若國民欠缺獨立之氣，有形之文明亦等同於無用之長物（五編，四八）。[44]而日本社會國民大衆之所以欠缺氣力，主因在於長久以來政府一手掌握全國大權，舉凡軍備、學問、工商業等世間各種細微之事，皆由主君全盤辦理，國民大衆僅一味地盲從於政府指令之下。國家宛如政府私有之物，而國民則成爲政府的食客。如今日本的社會世態，有形的文明雖有進步，但無形的文明，即國民的精神氣力，卻是日漸退步（五編，四九）。[45]

一國的文明，並非由上面的政府所帶動，亦非源自於下面的庶民來推行，而是起自於中間層的民衆，即具備知識且政府亦難出其右的中產階級，才有成功的可能。以西洋各國的歷史觀之，工商業的發展並非政府所創，多是由中產階層知識分子的苦心與努力得來，例如瓦特（James von Breda Watt，一七三六—一八一九）發明蒸氣火車，經由史蒂文生（George Stephenson，一七八一—一八四八）的努力才有鐵道鋪設，而經濟學原理的研究、經濟模式的改變則有賴亞當・史密斯（Adam Smith，一七二三—一七九

44 原文：畢竟人民に独立の気力あらざれば、かの文明の形も遂に無用の長物に属するなり。

45 原文：今日本の有様を見るに、文明の形は進むに似たれども、文明の精神たる人民の気力は日に退歩に赴けり。

○）（五編，五○—五一）。[46]

一般而言，文明的造就者多爲民間人，而文明的保護者則是政府職責之所在，然而明治日本卻是反其道而行。當今在日本位屬中產階層，主張文明開化、支持國家獨立者，唯知識人的洋學者而已。然而，多數的知識人脫離學問、研究場域，而躋身於官界，以瑣碎雜務纏身、耗損體能而感到滿足（五編，五一—五二）。[47]

在慶應義塾習得學術者，絕不要被世俗風潮所薰染，而是能忍耐貧苦、且不以爲意，把習得的知識應用於社會文明的發展上。無關乎學問之領域分野，商業、法律等皆可藉題發表議論，振興工業，推行農業，著作、翻譯、報紙之發行，舉凡文明等相關事宜，皆應站在國民大衆的先頭，隨時思考自己的角色扮演，並與政府協力配合。當官力與民力相互均衡時，一國之力自然增強，有效穩固獨立的根基，而與海外諸國對等因應之勢，自然可爲（五編，五三）。[48]

---

46 国の文明は上政府より起るべからず、下小民より生ずべからず、必ずその中間より興りて衆庶の向かうところを示し、政府と並立ちて始めて成功を期するべきなり。

47 原文：この学者なるもの、（略）概ね皆その地位に安んぜずしてさって官途に赴き、些末の事務に奔走して徒に心身を労し、（略）甚だしきは野に遺賢なしと言ってこれを悦ぶ者あり。

48 原文：凡そ文明の事件は尽く取って我私有となし、国民の先をなして政府と相助け、官の力と私の力

在一八七四年（明治七）元旦開春的一場演講中，福澤諭吉告誡慶應義塾的師生，學者的職責與知識分子的角色扮演。福翁強調文明開化的關鍵在於文明的精神，即國民自主獨立之氣勢，[49]以及身為中產階級普羅大眾的學者應如何成為全民先鋒，協同政府致力於日本社會的文明開化，畢竟為學的目的是習得學問之術，成就萬事則須仰賴學問，[50]而學者的職責就是培養文明的氣度，承擔社會開化之重責大任者（五編，五二—五三）。[51]

〈六編〉論國法之可貴

律法若為惡法，就應向政府訴求改正。然而，自己的私裁是沒有意義，而討敵等

49 原文：（略）真にこれを文明の精神と言うべき至大至重のものなり。蓋しその物とは何ぞや。云く、人民独立の気力、即ちこれなり。

50 原文：読書は学問の術なり、学問は事をなすの術なり。

51 原文：文明を養いなすべき任に当りたる学者にして（略）と互いに平均して一国全体の力を増やし、（略）学者宜しくその方向を定めて期するところあるべきなり。

報復行徑更是不法行爲，即使父母的仇人站在眼前徘徊，亦絕無出手殺害的道理（六編，五七）。[52]福澤諭吉舉出一個具體案例，即廣受日本社會民衆喜愛的江戶日本時代的「忠臣藏」事件。[53]淺野家的下屬殺了吉良上野介，被當時一般庶民尊之爲「赤穗義士」，福澤諭吉非常地不以爲然。當時對於兩造之間的恩怨，德川幕府下令淺野內匠頭（一六七五—一七〇一）切腹謝罪，卻對吉良上野介（一六四一—一七〇三）不予刑罰，這的確是一樁不公正的裁決。然而，福翁的質疑是淺野家的部屬既認爲這樣的裁決是不公正的，何以不直接向幕府提出訴求？倘若四十七名部屬無畏於德川幕府的橫暴，堂堂正正地條理分明，即使全體犧牲性命也要將不滿情緒訴諸幕府，則無論幕府的處置手法何等粗糙亦須承認他們的道理，或許就會對吉良上野介加以刑責，重新做出公正的裁決。假設一切不如預期的話，依舊會讓後世之人稱頌他們是眞義士（六編，五七—五八）。[54]

52 原文：何らの事故あるも決して自ら手を出すべからず。仮令親の敵は目の前に徘徊するも、私にこれを殺すの理なし。

53 日本江戶元祿期間的一七〇一—一七〇三年，赤穗藩家臣四十七名為主君報仇的私討事件。

54 原文：昔徳川の時代に、浅野家の家来、主人の敵討と吉良上野介を殺したることあり。（略）四十七人の家来理を訴えて命を失い尽くすに至らば、如何なる悪政府にても遂には必ずその理に伏し、上野

依據福澤諭吉的主張，政府是國民的代表，理應配合國民的思考行事。政府的職責就是取締罪犯，保護守法者。因此，政府的言動應該根據國民的意志行事，如此社會國家才能井然有序（六編，五四）。[55]政府的作爲應符合國民的期待，而國民亦應遵循政府所制定之法度行事（六編，五五）。[56]

國民的角色扮演有二，其一是成立自己的代理人「政府」，把國家政治委由政府辦理；其二則是遵守政府所制定的法律行事（六編，五五）。[57]倘若政府制定的法律不利

介へも刑を加えて裁判を正しうすることあるべし。かくありてこそ始めて真の義士とも称すべき筈なるに（略）。

55 原文：政府は国民の名代にて、国民の思うところに従い事をなすものなり。その職分は罪ある者を取押えて罪なき者を保護するより外ならず。即ちこれ国民の思うところにして、この趣意を達すれば一国内の便利となるべし。

56 原文：政府のなす事は即ち国民のなす事にて、国民は必ず政府の法に従わざるべからず。

57 原文：国民たる者は一人にて二人前の役目を勤むるが如し。即ちその一の役目は、自分の名代として政府を立て一国中の悪人を取押えて善人を保護することなり。その二の役目は、固く政府の約束を守りその法に従って保護を受くることなり。

於國民大衆時，就應該向政府訴求法律改正（六編，五七）。[58]福澤諭吉的思考是，對犯罪者訴諸法律制裁乃是政府的職責，因此國民制裁國民，如私裁、討敵、暗殺、天誅等作爲，都是無視於政府角色扮演的不法行徑（大久保啓次郎，五）。

福澤諭吉的主張在於，倘若國民大衆皆漠視國法的存在，凡事都以私討、私裁處之，冤冤相報，社會勢必會變得無法無政，權力中心失衡的社會，內耗會削弱國家實力（六編，五九）；[59]甚者，導致國民變得不誠實，進而爲非作歹（六編，六〇—六一），[60]而這也是國法珍貴之所在。

研究福澤諭吉的專家平山洋指稱，根據福翁的「忠孝論」之於「忠」的概念，乃個別的國民對整體國民的關懷之總稱，即等同於「愛國心」。福澤諭吉以近代的愛國觀念取代過去的忠義概念，平山洋認爲福翁的想法充滿革新性思惟。[61]

---

58 原文：もしこの事につき、政府の処置宜しからずして罪人を贔屓する等のことあらば、その不筋なる次第を政府に訴うべきのみ。

59 原文：いわゆる無政無法の世の中とはこの事なるべし。私裁の国を害すること斯の如し。

60 原文：かく国法を軽蔑するの風に慣れ、人民一般に不誠実の気を生じ、守って便利なるべき法を守らずして、遂には罪を蒙ることとあり。

61 參自石毛忠〈なぜ《修業立志編》は《福澤全集》に収録されていないのか〉（ベリカン社，東京），

〈七編〉論國民之職分

福澤諭吉自詡，〈七編〉可謂是〈六編〉內容的補充版（七編，六三）。

日本社會自古對於恩怨私了者，多被處以自行切腹了結，而這些人亦多半被社會以忠臣、義士評價之，進而擁有高人氣。然而，福澤諭吉認爲他們並非是殉教者，在日本唯佐倉宗五郎（？—一六五三）可以殉教者稱之。[62]因爲宗五郎等人之死，壯烈唯美，即使距離文明開化的基本精神很遠，且他們的死絕非是爲了以引導社會走向文明開化爲目的。佐倉是爲了藩主的暴行而向幕府直訴，爲了伸張民衆權益，宣傳正確的訊息，家族成員亦連帶遭致死刑懲處，然而卻解救領內民衆脫離貧困。相對地，僅爲了主君的一兩賞金，而遭縊死的權助；抑或是只爲了替主君復仇而被判處切腹的赤穗浪士，對社會

二〇〇四年、二一七—二三五。網址：http://blechmusik.xii.jp/d/hirayama/h12/（二〇一七年七月十一日），二〇一五年三月十三日。

62 佐倉宗五郎（？—一六五三）乃日本江戶初期下總國印旛郡（千葉縣佐倉）的名主（豪農），乃日本史上「義民」形象的代表。鑒於當地藩主堀田氏的苛政，他替農民直接向將軍直訴請願，期待能減輕租稅，結果宗五郎夫婦反遭磔刑，而孩子則遭死罪處分。佐倉宗五郎的事蹟雖至今仍不見諸史料，但卻是透過口述傳承，抑或在歌舞伎劇本中耳熟能詳。

文明的發展毫無助益（〈七編〉，七一—七二）。

福澤諭吉主張，每個國民皆肩負兩種職責，一是政府主政下國民的角色扮演；另一則是在國民整體的協議下建設「日本國」會社，共同決議會社內部之規制，即試從營運觀點，扮演經營者角色（七編，六四）。[63]以會社員的角度觀之，國民須重視法律，並切記人皆平等的基本精神；若從經營者的立場觀之，國民亦等同於政府。但因國民整體難以共同掌理政事，因而派遣代表進入政府組織，代理國政。換言之，國民才是國家的主人，而政府則是國家的代理人。

無論國民或政府相互善盡職責，毫無疑問地一切都會自然步上軌道；倘若政府避開職責，甚至施以無謀暴政，則國民可採取以下三種行動，以為因應。一是違背自我主張，繼續跟隨政府步伐；二是力抗政府；三是貫徹自我主張，捨身取義（大久保啓次郎，五—六）。

首先，委屈求全，跟隨政府的錯誤施政絕非上策。[64]畢竟違背初衷從事不正行為，沒有完遂國民職責，開啓惡例，恐禍延子孫。然而，以個人之力試與政府抗爭者，顯然

[63] 原文：故に一国はなお商社の如く、人民はなお社中の人の如く、一人にて主客二様の職を勤むべき者なり。

[64] 原文：節を屈して政府に従うは甚だ宜しからず。

過於勉強，只好組織徒黨，而衍生成社會內亂或國家內戰生成的原因。[65]參閱古今歷史觀之，國民的力量經常無法與政府匹敵，一旦反亂遭政府鎮壓之後，世間更是暴政充斥（七編，六八—六九）。而遵守正道眞理，不畏官憲壓力而捨身取義，篤信天理而不以暴政或苛律所苦，仍堅守初衷，但卻不持武器、不以暴力，持續以正道眞理向政府提出訴求。[66]即以上三策當中之第三策，則被福澤諭吉視之爲最上策（七編，六九）。

以暴力與政府抗衡，政府亦逞以暴威。然而，施以暴政之官憲，亦同是日本國民，冷靜面對正道者之說詞與捨身取義的理由，勢必引發官憲的同情心，甚至設身處地重新思考議題，改邪歸正（七編，七〇）。[67]在福澤諭吉的認知中，憂國憂民而忘卻自我，爲了國民大衆捨去性命亦在所不惜者，在西方稱之爲「殉教」。雖然失去了一人之身，卻有殺掉千萬人之效，這種模式與其花費千萬兩投入內戰，相對地成效卓著（七

65 原文：力をもって政府に敵対するは固より一人の能するところに非ず、必ずと徒党を結ばざるべからず。即ちこれ内乱の師なり。

66 原文：一寸の兵器を携えず片手の力を用いず、ただ正理を唱えて政府に迫ることなり。

67 原文：暴威を張り、その非を遂げんとするの勢いに至るべしと雖ども、静かに正理を唱うる者に対しては、仮令暴政府と雖どもその役人もまた同国の人類なれば、正者の理を守って身を棄つるを見て必ず同情相憐れむの心を生ずべし。

編，七〇）。[68]

〈八編〉不可以我心制他人身

在福澤諭吉的認知中，政府與國民之間的關係相同，政府無論如何地強勢，也絕不能欺壓國民，這個道理與男女關係的道理一樣。畢竟世間男、女二者缺一不可，角色扮演同等重要，即使男強女弱，但男女卻是同權，甚或是《女大學》強調女性須遵守「三從」之道，以及「七去」原則。

女性在年幼時期必須遵從父母教誨，長大結婚之後，即使丈夫花天酒地、斥責妻子，極盡放蕩淫亂之能事，妻子也得繼續從夫嗎？而「七去」原則對男性有利，顯然是單方面之教義。婆媳問題亦然，當婆婆戲謔媳婦時，也應該想想自己當小媳婦時的立場。孝親原是人間義理，然而過頭的「二十四孝」，顯然超出人情義理之常態，而非討論議題的範圍（八編，七七—八一）。

換言之，福澤諭吉透過《學問之勸》八編〈不可以我心制他人身〉，以夫婦、親子

---

68 原文：失うところのものはただ一人の身なれども、その功能は千万人を殺し千万両を費やしたる内乱の師より遥かに優れり。

關係爲例，強調人際關係不應存有上下貴賤等名分之別，藉此批判當時日本社會階級意識之惡弊（八編，八一）。[69]

根據美國倫理學者淮蘭德（Francis Wayland，一七九六－一八六五）所撰寫《修身論（*Elements of Moral Science*）》，每一個體皆爲獨立之肉體所形成，一切皆應歸乎本心，支配己身，完遂自我所應負之職志（八編，七三）。[70]福澤諭吉則延續淮蘭德的論點而主張，每一個完人皆存有身體、智慧、情欲、誠心、意志等五項元素，且缺一不可。倘若此五項元素能有效自在運用，才有完遂一身獨立的可能（八編，七三－七四）。[71]

而人際交往必須協力合作，我有求於人，而人亦有求於我。相互應酬之間，有天法

---

69 原文：右は、上下貴賤の名分より生じたる悪弊にて、夫婦親子の二例を示したるなり。世間にこの悪弊の行わるるは甚だ広く、事々物々、人間の交際に浸潤せざるはなし。

70 原文：アメリカのウエイランドなる人の著したる「モラルサイヤンス」という書に、人の身心の自由を論じたることあり。その論の大意に云く、人の一身は、他人と相離れて一人前の全体を成し、自らその身を取扱い、自らその心を用い、自ら一人を支配して、務むべき仕事を務る筈のものなり。

71 原文：以上五つの者は人に欠くべからざる性質にして、その性質の力を自由自在に取扱い、もって一身の独立をなすものなり。

可循，最重要的是不可超越自我分際（八編，七五）。[72]而「分際」者何也？簡言之，就是當發揮自我實力之同時，能隨時察覺周邊的他人亦是發揮其實力，而自我與他者之間不相妨害對方的之作爲，稱之（八編，七五）。[73]倘若能保守分寸渡世，便可避免遭致世間之非難，亦不會因罪受罰，即可有效完遂人間的權利（大久保啓次郎，六—七）。

〈九編〉學問之目的所爲何事

端詳人類身心等行爲活動，大致可分成兩類，其一是獨立個人的活動；其二則是身處人類社會的交誼活動（九編、八三）。[74]而談及身心活動等行爲，追求生活上食衣住

---

72 原文：人として世に居れば固より朋友なかるべからずと雖ども、その朋友もまた吾に交わりを求むること、なお我朋友を慕うが如くなれば、世の交わりは相互いのことなり。ただこの五つの力を用いるに当り、天より定めたる法に従って、分限を越えざること緊要なるのみ。

73 原文：右の次第に由り、人たる者は他人の権義を妨げざれば自由自在に己が身体を用いるの理あり。

74 原文：人の心身の働きを細かに見れば、これを分ちて二様を区別すべし。第一は一人たる身についての働きなり。第二は人間交際の仲間に居りその交際の身についての働きなり。

等層面之安定，乃個人自立最基本的需求。生活上的獨立自主的確是相當重要的一環。然而，就此點論之，福澤諭吉強調人類行爲顯然無異於螞蟻，甚至可拜螞蟻爲師。西諺有云，倘若世人多以追求小我爲滿足，僅佇足於小確幸便自滿，則今日世界恐將與天地初始之際無異！況且人類之於衣食住的取得，百分之九十九是仰賴造化者之手，個人之力僅百分之一而已（九編，八四）。[75]

依福翁之見，若僅以追求自立爲務，並非難事，更是不足掛齒（九編，八四），[76]其實連螞蟻也做得到，甚至成爲螞蟻的門人亦不爲過（九編，八五）。[77]倘若每一個人皆能自立，就應該爲世間、爲人群、爲國家善盡職責，此亦是爲學的終極目標。

人類喜好集團群聚，儘可能地避開孤立、獨步的氛圍或情境。即使有夫婦、親子的情絆相結，還是難以安心，唯儘可能地擴展交際圈，才能聊感安心與滿足。而此亦是

---

75 原文：故に人間の衣食住を得るは、既に造化の手をもって九十九分の調理を成したるものへ、人力にて一分を加うるのみのことなれば（略）。

76 原文：故に人として自ら衣食住を給するは難き事に非ず。この事を成せばとて敢えて誇るべきに非ず。

77 原文：この人はただ蟻の門人と言うべきのみ。生涯の事業は蟻の右に出るを得ず。

人類開始相互交際、甚至結構出社會組織的原點（九編，八五—八六）。[78]任何人只要有所專長，多少都想爲世間盡一己棉薄之力，這是人之常情。而學問、工業、政治、法律等，皆因人際關係而存在，倘若欠缺了人際交流，這些都成爲不必要之長物（九編，八六）。[79]

自古以來，多少有能者費盡心力，爲社會善盡一己之力。在此等人士心中，不以追求生活富裕爲滿足，他們更重視人之於社會的責任與義務，並爲著崇高理想而努力（九編，八八）。[80]而福澤諭吉的主張是，爲學者的職務即把吾輩走過的痕跡，有效傳承給後輩子弟（九編，八九）。

---

78 原文：人の性は群居を好み決して獨歩孤立するを得ず。夫婦親子にては未だこの性情を満足せしむるに足らず、必ずしも他人に交わり、その交わり愈々広ければ一身の幸福愈々大なるを覚ゆるものにて、即ちこれ人間交際の起る由縁なり。

79 原文：凡そ世に学問といい工業といい政治といい法律というも、皆人間交際のためにするものにて、人間交際あらざれば何れも不用のものたるべし。

80 原文：右所論の如く、古の時代より有力の人物、心身を労して世のために事をなす者少なからず。今この人物の心事を想うに、豈衣食住の饒なるをもって自ら足れりとする者ならんや。人間交際の義務を重んじて、その志すところ蓋し高遠に在るなり。

如今致力於學問者，在承繼先人智慧遺產之餘，更應站在進步的先端，爲人類文明的發展善盡心力。然而，無論如何地努力，亦經常會有力不從心之憾，因此一如我們對先人努力的感念，數十年以後的社會也會對我們的努力有所感念，而我們的負債在現代社會的活動軌跡中明顯存在，也會繼續留給後代子孫（大久保啓次郎，七—八）。福澤諭吉首倡學問之道，意圖引領天下人心，朝往高尙之域邁進，而値此社會維新之際，這是精進學問、引導社會往上提升的絕佳時機。爲有效翻轉世態，福翁再度提醒學者諸君，非積極致力於學業精進不可（九編，八九—九〇）。[81]

〈十編〉提升學問的目標

延續自〈九編〉「學問之目的所爲何事」，福澤諭吉主張人活在世上，很難單以一身一家之衣食供給而自我滿足，經常會抱持更崇高的理想，爲了夢想成眞，就必須與人

---

81 原文：学問の道を首唱して天下の人心を導き、推してこれを高尚の域に進ましむるには、特に今の時をもって好機会とし、この機会に逢う者は即ち今の学者なれば、学者世のために勉強せざるべからず。

交際，並透過交際手段，才有貢獻社會的機會（十編，九一）。[82]倘若學問僅停滯於一知半解的地步，亦是難以走入社會的，唯修得深厚學問，學習西洋文明，才能對日本的獨立有所貢獻。而依福翁之所言，畢竟人類的飲食並不僅限於西洋料理，即使是吃麥飯佐味噌湯，亦得努力學好文明事（十編，九七）。[83]

爲學的目標應至於高處，世間物易得手者絕非貴重，相對地越是難以取得者，才是價值之所在。而現在的年輕學子，多半好逸惡勞。專攻洋學的學生在校三年，習得歷史或物理之後，隨即想成爲洋學教師，或投身於政府公職（十編，九二）。[84]然而，此般現象若成爲常態，則世間學問恐無以維持高標（十編，九二）。[85]

現在，以政府爲首等諸多面向，對洋學人才的需求較高。一旦對人才的需求變

---

82 原文：人たるものはただ一身一家の衣食を給しもって自ら満足すべからず、人の天性にはなおこれよりも高き約束あるものなれば、人間交際の仲間に入り、その仲間たる身分をもって世のために勉むるところなかるべからずとの趣意を述べたるなり。

83 原文：人間の食物は西洋料理に限らず、麦飯を喰い味噌汁を啜り、もって文明の事を学ぶべきなり。

84 原文：譬えば洋学生、三年の執行をすれば一通りの歴史窮理書を知り、乃ち洋学教師と称して学校を開くべし、また人に雇われて教授すべし、或いは政府に仕えて大いに用いるべし。

85 原文：かかる有様をもって風俗を成さば、世の学問は遂に高尚の域に進むことなかるべし。

大，就業市場寬鬆，就業率自然提升。倘若這些菁英人才於在學期間，精進學業，並把滿腹經綸的實用之學有效應用於職場上，勢必表現非凡。全國之智德者，蓄積實力，日本與西洋諸國之文明並駕齊驅，則指日可待（大久保啓次郎，八—九）。

然而，當今日本的文明景況可所謂是有名無實。表面上光鮮亮麗，但精神上卻是空虛無比（十編，九三）。[86]現在日本社會的學術水準，不僅不足以授人可言；相反地，向洋人學習請益後，唯自覺到技不如人罷了（十編，九三）。[87]但是，總不能一直向西洋學習、崇尚西洋文物、永遠仰賴西洋文明之供給。即使能向西洋取得文明，亦算是聊勝於無，稍感欣慰。但如何才能不倚賴他國，而能獨立生成，想要有效達標恐怕是有所困難。僅能期待學生諸君修得學問，爲日本國之未來努力貢獻。

換言之，年輕學子絕不能單靠一成不變的學校教育，便自我滿足。爲學的目標要放得高、放得遠，不羈獨立，不倚賴他人，即使沒有同志相伴，爲了日本亦得養精蓄銳，

---

86 原文：方今天下の形勢、文明はその名あれども未だその実を見ず、外の形は備われども内の精神は耗し。

87 原文：今の我学術をもって西洋人に教ゆべきや、けして教ゆべきものなし。却ってこれを彼に学んで、なおその及ばざるを恐るるのみ。

以為社會貢獻棉薄之力為職志（十編，九五）。[88]福澤諭吉期待年輕學子，勇於追究學術之本質，建構眞正獨立的基礎。而既以求學為職志，就應精進於大學問，學農者便以豪農為目標、學商者便以豪商自許，學子不應以小安定便自我滿足。不畏粗衣、粗食、寒暑，三餐生活必須自行搗米、割草。福翁強調，即使一邊搗米，亦可有效習得學問（十編，九七）。[89]

〈十一編〉名分與職分之相違

〈十一編〉的名分論可謂是〈八編〉的延伸。在〈八編〉中，福澤諭吉舉出幾個因上下貴賤之名分，所引發夫婦親子之間的弊害，而即使名分之本意並非出自惡念，

---

88 原文：これに由って考うれば、今の学者たる者は決して尋常学校の教育をもって満足すべからず、その志を高遠にして学術の真面目に達し、不羈独立をもって他人に依頼せず、或いは同志の朋友なくば一人にてこの日本国を維持するの気力を養い、もって世のために尽さざるべからず。

89 原文：学問に入らば大いに学問すべし。農たらば大農となれ、商たらば大商となれ。学者小安に安ずるなかれ。粗衣粗食、寒暑を憚らず、米も搗くべし、薪も割るべし。学問は米を搗きながらもできるものなり。

但其結果卻是與弱肉強食無異。[90]然而，問題是世間人悉皆愚善，[91]只管對上位者唯命是從（十一編，九八）。[92]而主張名分論者經常把親子之間的互動直接套用一般的人際互動，在福翁的認知上，這種比喻乍看之下有其邏輯，但其實並不恰當（十一編，九九），[93]最重要的是「名分」之本源乃出自於想像而被勉強創出之產物（十一編，一〇〇）。[94]

而東亞諸國經常把君主視之爲父母，而臣民則成爲赤子，並主倡政府的所司即牧民之職（十一編，一〇〇）。[95]當政府與國民之間的關係，比擬爲親子關係時，民衆爲了

---

90 原文：そもそもこの名分の由って起るところを案ずるに、その形は強大の力をもって小弱を制するの義に相違なしと雖ども、その本意は必ずしも悪念より生じだるに非ず。

91 原文：畢竟世の中の人をば悉皆愚にして善なるものと思い（略）。

92 原文：只管目上の人の命に従って（略）。

93 原文：世の名分を主張する人は、この親子の交際をそのまま人間の交際に写し取らんとする考えにて、随分面白き工夫のようなれども、爰に大なる差支あり。

94 原文：故に云く、名分の本は悪念より生じたるに非ず、想像に由って強いて造りたるものなり。

95 原文：アジア諸国においては国君のことを民の父母と言い、人民のことを臣子または赤子と言い、政府の仕事を牧民の職と唱えて（略）。

配合政府的「仁政」，經常得勉強蒙受「御恩」，結果御恩變成擾民，而仁政則成爲苛法（十一編，一〇一）。[96]無獨有偶地，這種思惟不僅止於公部門的政府單位，民間機構的商家、學塾、宮寺等各機構亦在同樣的邏輯下，經營運作（十一編，一〇一）。[97]

福澤諭吉強調，名分與職分在本質上不應相違，而學者則必須了解，「名分」與「職分」看似雷同，內涵卻是大相逕庭（十一編，一〇四）。[98]福翁主張人的權限乃源自於身分與地位，因個人的存在而得以成事，這種自我膨脹的思惟風潮卻成爲世間普遍的認知，亦衍生出福翁所謂的「僞君子」（大久保啓次郎，九）。福澤諭吉認爲世間之於上下貴賤之正名，經常是藉其名而行專政之實，亦可謂是一種詐術，而罹患此病者則可以「僞君子」稱之（十一編，一〇二）。[99]因而此編之副標題乃以「名分をもって偽

---

96 原文：（略）その仁政に無理を調合して強いて御恩を蒙らしめんとし、御恩は変じて迷惑となり、仁政は搔化して苛法となり（略）。

97 原文：この風儀は独り政府のみに限らず、商家にも学塾にも宮にも寺にも行わざる所なし。

98 原文：名分と職分とは文字こそ相似たれ、その趣意は全く別物なり。学者これを誤り認むることなかれ。

99 原文：上下貴賤の名分を正し、ただその名のみを主張して専制の権を行わんとするの原因よりして、その毒の吹出すところは人間に流行する欺詐術策の容体なり。その病に罹る者を偽君子と名づく。

君子を生ずるの論」，探討名分論與僞君子之間的關係。

福澤諭吉以過去封建時代爲例，大名武士的管家位高權重，卻染指薪資酬勞以外的金錢，例如營繕相關的「普請奉行」[100]迫使工匠師傅繳交謝禮回饋、而負責會計業務之吏員則向相關廠商收取回扣等情事，在江戶時期的大名之間普遍可見（十一編，一〇二—一〇三）。日本元祿時期赤穗義士四十七名亦因而壯烈犧牲，一直以來成爲膾炙人口的劇碼「忠臣藏」，且歷久不衰。顯見縱觀古今以虛飾名分障眼，貪圖己利而行專制之實，所衍生出的僞君子，無論在任何時代依舊存在，不禁令人髮指（十一編，一〇四）。

而世間何以僞君子橫行？過去不少人以庶民百姓無智，而妄想利用他們的良善翻弄鼓動，這種惡弊讓特權階層有獨斷與制壓的機會（大久保啓次郎，九）。

身分與地位在表象上不過是一種虛名，無論位階高低皆爲無用之物。但在此虛名之後，伴隨的是實質的職務，而重要的是該項職務之內容。倘若能確實發揮職務之用，名實相符，則名目上的地位與身分自然就不顯突兀。政治家之職務主司政治、法律；而軍人的職務則從事戰鬥任務，效命國家；學者或商人亦各司其職。而世間卻有不少一知半解、趾高氣揚者，以爲名分無用，而連帶地亦忘卻了自己的職分，站在民衆的立場，知

---

100 普請奉行乃江戶幕府旗下的官職名，主司土木工程、用水管理等營繕相關業務。

法犯法；或者以政府之令，侵犯百姓產業；軍隊干政，自行舉兵；文官受制於武官，而任由擺佈。如此一來，國家終將引發亂事。福澤諭吉試透過此編之說，提醒學者必須清楚了解「名分」與「職分」的內涵，避免陷入失之毫釐、差之千里的盲點中（十一編，一〇四）。

〈十二編〉講演乃學問研究的一項重要手法

〈十二編〉之重點有二，福澤諭吉除了談論傳遞學問的手段「演講」之外，亦探討人的品行之所以非高尚不可的理由。

福澤諭吉明確指摘爲學的重點在於「活用」，難以被活用的學問等同於「無學」（十二編，一〇六）。[101]福翁嚴厲批判過去日本江戶時代的儒學者，以及近代日本的洋學者，僅以讀書爲目的，然而爲讀書而讀書者，不如無書。福翁認爲除了專心向學之外，還需懂得思辨。即孔子所謂的「學而不思則罔」！爲學的目的並非讀書本身，而是解明書中的精神與內涵，並加以活用（十二編，一〇七）。[102]

---

101 原文：学問の要は活用に在るのみ、活用なき学問は無学に等し。

102 原文：故に学問の本趣意は読書のみに非ずして精神の働きにあり。

在福澤諭吉的認知中，研究學問的手段，除了讀書之外，還有觀察、推究、著書、講演等方式，欠缺這些作爲，則稱不上是「爲學」（十二編，一〇七）。[103]其中，欲將學問研究的成果推廣給社會大眾，講演則是重要的手段之一。

換言之，學問的本質除了讀書之外，還包括精神面向。精神面向的部分要應用在現實生活上，則須下一些功夫，包括仔細觀察事物的發展進程，仔細聆聽，進而推敲事物的核心價值。然而，就學問研究的方法而言，僅憑觀察與推論是不夠的，閱讀與寫作更是不可或缺的一環，而向同好發表拙見，相互議論亦是有其必要。而完遂上述的每一種方法之後，才稱得上是學術研究。以一言蔽之，觀察、推論、讀書是累積知識的手段；議論則是交換知識的方法；至於著作、演講則是知識推廣的過程（大久保啓次郎，九一一〇）。

福澤諭吉指出，在學界中不乏憑藉個人努力而精進專業者，然而在議論與講演的層面上則需要可資配合之學伴，因此召開演講會自然有其必要。而當今日本社會，國民大眾之間最大的隱憂莫過於文明知識的闕如。如何啓蒙大眾，引導社會朝往開化的知識面向發展，乃學者諸君努力的方向與目標，議論與演說之於學問研究的重要性，由此可見

103 原文：即ち、視察、推究、読書をもって智見を集め、談話はもって智見を交易し、著書演説はもって智見を散ずる術なり。

（十二編，一〇七）。然而，放眼望去付諸落實者幾近闕如，學者之於職守的怠慢，不言可喻，顯見學界中僅執著於內省，卻不懂得外交者眾（十二編，一〇八）。[104]福翁強調所謂的「眞學者」，即內在之心思縝密、而外在的氣魄豪邁，其內心潛沉有如深淵、待人接物則如飛鳥跳躍（十二編，一〇八）。[105]

福澤諭吉主張人的見識必須高尚不可，而近代日本最大的隱憂莫過於人民的見識未至高尚之境。[106]然而，人的見識、品行並非高談微妙道理，即可入高尚之域（十二編，一〇八）；[107]人的識見與品行亦非因博識多聞就顯高尚，畢竟讀遍萬卷書、識得天下人，卻無一己之見者，更是大有人在（十二編，一〇八）。[108]至於人的識見與品性，如

---

104 原文：今の学者は内の一方に身を委して外の務めを知らざる者多し。

105 原文：私に沈深なるは淵の如く、人に接して活発なるは飛鳥の如く、その密なるや内なきが如く、その豪大なるや外なきが如くして、始めて真の学者と称すべきなり。

106 原文：前条に、方今我国において最も憂うべきは、人民の見識未だ高尚ならざるの一事なりと言えり。

107 原文：人の見識品行は、微妙なる理を談ずるのみにて高尚なるべきに非ず。

108 原文：また人の見識品行はただ聞見の博きのみにて高尚なるべきに非ず。万巻の書を読み天下の人に交わりなお一己の定見なき者あり。

何才能趨高尚之境呢？福澤諭吉認爲秘訣在於須懂得「比較」議題之源流，而不是自我感覺良好。至於比較之際，亦非從枝微末節針對一事一物進行比較，而是從整體層面下手，比較兩造之間的正負得失（十二編，一〇九）。[109]一言蔽之，福澤諭吉的比較方法論與智德的高尚境界相互連動。

福翁主張，無論是探討深遠理論，抑或是開拓見聞等，人皆不能欠缺高尚的智德特質。而提升見識勢必會顯現於個人的外在言行上，而其個中奧秘就是思考並比較各種事物的內在意涵，且必須把目標置於高處，絕不能輕易地自我滿足。而所謂的比較方法，須從各種情境、形態切入，而非侷限於一種素材，或一種現象。而是針對自他雙方之間的情境、形態，包括各種素材、現象之優缺點，巨細靡遺地進行檢討（大久保啓次郎，九一一〇）。

福澤諭吉以人的本性爲例，有謹愼好學者，亦有沉迷酒色者；又以學校風氣爲例，有學風高尚、管教嚴謹者，亦有相對放縱、學風自由者（十二編，九九一一一一）。而國家亦同，政府有司多爲賢良方正之士，信賞必罰、恩威並行者，但亦

109　原文：その要訣は事物の有様を比較して上流に向かい、自ら満足することなきの一事に在り。但し有様を比較するとはただ一事一物を比較するに非ず、この一体の有様と彼の一体の有様とを並べて、双方の得失を残らず察せざるべからず。

有苦民所苦、施策得宜，而誠足以自滿者。然而，其利弊得失若與前朝相比，或與他國相較，則須從國家整體效益進行評估、比較，才能看出個中的損益得失（十二編，一一一）。

依福翁之見，爲提升個人見聞，就必須經常對各項事物進行觀察、比較，把爲學的目標擺放在較高的位置，而不宜自我滿足。福澤諭吉舉印度與土耳其爲例，該二國在歷史上皆曾盛極一時，但近代以後卻相繼淪爲歐洲人的殖民地，在近代文明的發展進程上，印度的文化與土耳其的武力顯然無用武之地，欠缺與海外世界的相互比較，國民的思考視野停留於過去的榮耀而感覺滿足，自然便看不到海外世界的優點（十二編，一一二—一一三）。

〈十三編〉怨念有害論

福澤諭吉認爲世間難免惡德充斥，人與人之間的交際往來，沒有比怨念更有害的了（十三編，一一四）。[110]怨念或稱怨懟，其與貪吝、奢侈、毀謗等行徑皆是惡德之表徵。然而深入思考，這些行爲的源頭其實是來自於「欲念」，但欲求的本身並非惡德，

110 原文：凡そ人間に不徳の箇条多しと雖も、その交際に害あるものは怨望より大なるはなし。

而是來自於需求，以故，欲求的「程度」才是問題所在。因此「德」與「不德」之分界，必有其個中道理（十三編，一一五）。[111]然而，在各種惡德之中，唯「怨念」是不分立場、程度，而是全然地「不德」可言（十三編，一一六）。[112]

怨念起自於個人的內心深層之處，有時爲了讓自己的不幸或不平能求取些許平衡，進而產生陷他人於不幸的念頭。即使自己亦不會因而獲得幸福，但其結果卻是導致他人陷入不幸之境，顯然是損人不利己的行爲（十三編，一一六）。[113]因此，有怨念者光是一個起念，想破壞世間幸福，自然對社會難以有所貢獻（十三編，一一六）。[114]在福翁的認知中，欺騙、謊言、猜忌、卑鄙等惡質心態，皆出之於怨念。換言之，怨念可謂是百惡之母。[115]小者從私語、密話、內談、秘計等，大者至於徒黨、暗殺、抗爭、內

---

111 原文：その徳と不徳との分界には一片の道理なる者ありて（略）。

112 原文：独り働きの素質において全く不徳の一方に偏し、場所にも方向にも拘わらずして不善の不善なる者は怨望の一箇条なり。

113 原文：その不平を満足せしむるの術は、我を益するに非ずして他人を損ずるに在り。

114 原文：故にこの輩の不幸を満足せしむれば、世上一般の幸福をば損するのみにて少しも益するところあるべからず。

115 原文：怨望はあたかも衆悪の母の如く、人間の悪事これに由って生ずべからざるものなし。

亂等，對社會國家毫無助益，有時不僅是禍國殃民，甚至賠上鉅大的社會成本，可謂是以公利之費，逞一己之私（十三編，一一六—一一七）。[116]

而追究怨念油然生成之主因，通常多起於「搗亂」心態，例如意圖杜絕他人的自由發言，抑或是妨礙他者之作爲等（十三編，一一七）。[117]《論語》〈陽貨篇〉子曰，「唯女子與小人爲難養也，近之則不孫，遠之則怨」，孔子感嘆面對位處弱勢的女性與廝僕，應對不得宜的話，難免會引發他們的怨懟。而在現實生活中，幕府將軍背後的後宮大奧，抑或政府之於國民的關係，都是現實生活上的具體案例（十三編，一一七—一一九）。怨念並無貴賤之分，但皆會阻礙人之於精神層面的發展。人的運勢無論是幸與不幸，皆是一連串偶然的延續，然而一旦人之本性中的自由遭致剝奪，勢必會對他者產生怨懟與羨慕之念（大久保啓次郎，一〇—一一）。

國民大衆的自由言論受到限制、自主行動受到束縛，多數時候是與政府施策有所關聯。然而，不僅是政府施政的相關惡弊，民間生活亦有類似情事發生，而即使是學者亦在所難免地會有怨懟情緒產生。畢竟人與生俱有的活力，一旦面臨各種問題時，總會

116 原文：いわゆる公利の費をもって私を逞しうする者と言うべし。

117 原文：今その源因をたずねるに、ただ窮の一事に在り。（略）人の言路を塞ぎ人の業作を妨ぐる等の如く、人類天然の働きを窮せしむることなり。

自主性地應對進退。福澤諭吉認爲，在人際交流上的自由發言、自由行動，無論富貴或貧賤，原則上都應由當事人自主行事，而由不得他人置喙、妨礙或阻撓（十三編，一二〇）。

〈十四編〉心念的盤點與決算

此編之宗旨在於提醒世間學者，不能僅一味地醉心於輿論評價，而忽略了仁惠等相關私德。[118]福澤諭吉認爲萬事難以求得盡善盡美，抉擇的取捨重點在於因場域不同，而有「可爲」或「不可爲」之別（十四編，一三二）。[119]

人生經常是事與願違，原本的美事一樁，最後的結果卻是適得其反；應該是智慧之舉，反變成愚昧作爲；以爲事業會一路順遂，最後卻不如預期。[120]爲了防止類似之情事

118 原文：世の学者、経済の公論に酔いて仁恵の私徳を忘るるなかれ。

119 原文：人間万事十露盤を用いて決定すべきものに非ず、ただその用ゆべき場所と用ゆべからざる場所とを区別すること緊要なるのみ。

120 原文：（略）人生の有様は徳義の事についても思いの外に悪事をなし、智恵の事についても思いの外に愚を働き、思いの外に事業を遂げざるものなり。

發生，福澤諭吉主張，就好比從事商賣業者必須對貨架上的貨品數量隨時盤點，人也應該時時自我反省。[121]人的一生若以商務買賣來比擬，從十歲前後懂事開始，便必須隨時精密估算自己之於智德事業的損益得失（十四編，一二六）。[122]專研和漢古典者，僅醉心於古學，而無視於西洋新知，可謂是與時代背離。這無異於因夏季的蚊帳好賣，就連冬季亦繼續進貨，準備大賺一筆！年輕學子在不學無術的情況下，便急於出仕公職，導致一生僅能屈就於基層，這就好比修改一半的衣服，便直接拿去典當的道理一樣（十四編，一二七）。[123]

人生的際遇不會一成不變，反而是經常會有意外情事發生，即所謂的計畫趕不上變化。針對工作也好、學問也好，須未雨綢繆，隨時盤點自己的能力、或無法負荷的部

121 原文：事業の成否得失に付き、時々自分の胸中に差引の勘定を立つることなり。商売にて言えば、棚卸の総勘定の如きものこれなり。

122 原文：（略）人間生々の商売は、十歳前後人心の出来し時より始めたるものなれば、平生智徳事業の帳合を精密にして、勉めて損亡を引請けざるように心掛けざるべからず。

123 原文：和漢の古書のみを研究して西洋日新の学を顧みず古を信じて疑わざりし者は、過ぎたる夏の景気を忘れずして冬の差し入りに蚊帷を買い込むが如し。青年の書生未だ学問も熟せずして遽に小官を求め一生の間等外に徘徊するは、半ば仕立たる衣服を質に入れて流すが如し。

分，估算自己的損益得失，這就是福澤諭吉所謂的心念的盤點與決算。一如商務販賣進出貨數量的盤點，有時以為會有賺頭，反而是虧損連連；因誤判銷售市場而大量進貨，導致庫存過多，為了預防此等情事發生，重要的是每天都要按時記帳、定期盤點在庫數量，買賣損益必須有效掌握，而人生亦同。多數的人從十歲左右開始懂事，而自此一時期開始，平日對於自己分內的工作或學習，須隨時檢視與反省，儘可能地讓自己不要陷入虧損的盲點中。而人生的盤點應從易處著手，以現階段而言，自己的工作或學習須至什麼程度才得以成就，明年亦繼續孜孜不倦？抑或是思考轉型呢？從精神層面的盤點開始，再進行生涯規劃全面性的總決算（大久保啓次郎，一一一一二）！

再說日語的「世話」二字，有保護與指令等不同的兩層義涵。[124]保護是指陪伴在側，給予財物援助，或者費盡心力地協助保守權益或名譽等；指令則是為了某種角色的扮演所下的指導棋，以確立停損點而提出的建議或忠告（十四編，一二八）。[125]因此，

---

124 原文：世話の字に二つの意味あり、一は保護の義なり、一は命令の義なり。

125 原文：保護とは人の事につき傍より番をして防ぎ護り、或いはこれに財物を与え或いはこれがために時を費やし、その人をして利益をも面目をも失わしめぎるように世話をすることなり。命令とは人のために考えて、その人の身に便利ならんと思うことを差図し、不便利ならんと思うことには異見を加え、心の丈けを尽して忠告することにて、これまた世話の義なり。

眞正的「世話」應含括保護與指令等兩個面向，而二者之間的共通處，即在「分寸」與「界線」上，必須知所進退，否則即使些微的齟齬亦可能衍生成難以收拾的禍源（十四編，一二九）。[126]

換言之，對人提出世話奧援時，經常可見恩威並用。而「世話」二字既有保護，又有指令等兩層深意，即經濟論中「施與受」原則之精神層面，而這項概念如何應用在日常生活上，即無論在何時何地皆須隨時自省。保護與指令之間的運用，必須符合比例原則，特別是當指令超越了保護之界線時，經常會衍生無謂的困擾（十四編，一三〇）。[127]另一方面，面對弱勢族群我們提供救援，這僅止於保護層面的「世話」，即使在道德層面上受人讚賞，但卻不符經濟法則的原理。然而，人生有很多事是無法以理論而有效估算，因此如何善用，唯以獨立思考、明辨是非爲要（大久保啓次郎，一一—一二）。

126 原文：故に保護と差図とは、両者ながらその至る処を共にし、寸分も境界を誤るべからず。（略）もし然らずして、この二者の至り及ぶ所の度を誤り、僅かに齟齬することあれば、忽ち不都合を生じて禍の源因となるべし。

127 原文：差図の世話は厚きに過ぎて保護の世話の痕跡もなきものなり。諺にいわゆる大きに御世話とはこの事なり。

在福澤諭吉的認知中，倘若是真正的優質「世話」，則世間充滿圓融、法治，[128]一如父母提供衣食保護孩子，而孩子則能安心地仰賴父母，親子關係自然順遂；政府根據法律，保障國民的生命、財產與名譽，並確立社會的安全維護；而國民則根據政府的指令行動，絲毫不相背離，於是公私關係自然變得圓融與和諧（十四編，一二九）。

〈十五編〉凡事存疑並斷然取捨

西洋諸國的民眾，對日常凡事多所存疑，乃有今天的「文明」生成。文明進步的動力，源自於人類之於天地之間的有形物體、無形人事，且不斷地格物窮理，進而發現宇宙眞相（十五編，一三四）。[129]義大利人伽利略（Galileo Galilei，一五六四—一六四二）對「天動說」感到存疑，才進而提出「地動說」理論；英國人湯瑪斯．克拉克森（**Thomas Clarkson**，一七六〇—一八四六）對於奴隸販賣感到質疑，才有奴隸貿易禁止法的制定；日耳曼人馬丁．路德（**Martin Luther**，一四八三—一五四六）對羅馬

128　原文：真のよき世話にて世の中は円く治まるべし。

129　原文：文明の進歩は、天地の間にある有形の物にても無形の人事にても、その働きの趣きを詮索して真実を発明するに在り。

宗教之教義倍感質疑，乃開始推動宗教改革。

日本自維新開國以後，舉凡政府、學校、報社、鐵道、電信、兵制、工業等，全都煥然一新，這亦可謂是對過去傳統的行事作法抱持質疑態度，進而革新成功的案例。然而，日本社會對傳統慣習感到質疑，則是在開國以後開始接觸西洋文明，進而學習模仿，但這一切皆非出於自發性的存疑所致。另一方面，西洋文明亦非全數優於日本，日本的傳統慣習與文明也有其獨到之處，福澤諭吉認爲妄信西洋文明而全盤引進的作法並不正確。應該把西洋文明與日本文化兩相比較，足以信者抑或是質疑處所，相互截長補短，以做出正確選擇爲要。因此，學者須致力於學術，透過博覽群書與增長見聞，以培養判斷是非眞僞之能力（大久保啓次郎，一二一—一三一），而重點在於信疑不能失度（十五編，一三六）。[130]

福澤諭吉主張，盲信的世界多僞詐，而質疑的世界多眞理（十五編，一三三）。[131]一如前述，文明的進步，在於天地之間有形的物質與無形的人事等各種交互運作過程中，透過深沉意涵之追究，進而發現天地宇宙的眞諦。而西洋社會之所以能達到今日的

---

130 原文：（略）信疑共にその止まる所の適度を失するものあるは明らかに見るべし。

131 原文：信の世界に偽詐多く、疑の世界に真理多し。

文明之境，究其源流莫過於對凡事抱持質疑的精神（十五編，一三四）。[132]

即使不能凡事全然相信，但亦不應任意懷疑，在信疑之間必須有所取捨，而為學之要在乎「明智」（十五編，一三五）。[133]西洋文明雖令人稱羨，且仿效期間亦不長，但與其輕易信服，還不如隨處質疑為上（十五編，一四一）。[134]學者必須勤勉為學，而與其馬上思考、隨即學習，還不如多閱讀、多體驗，凡事虛心、平心，打開活眼追求真相，而非隨處狐疑，昨日之所信馬上變成今日之疑團，而今日之所疑到了明日則已冰解。因此，福澤諭吉再三提醒，學者須以勉學為要（十五編，一四二）。

---

132 原文：西洋諸国の人民が今日の文明に達したるその源を尋ぬれば、疑の一点より出でざるものなし。

133 原文：然りと雖も、事物の軽々信ずべからざること果して是ならば、またこれを軽々疑うべからず。その信疑の際につき必ず取捨の明なかるべからず。蓋し学問の要は、この明知を明らかにするに在るものならん。

134 原文：西洋の文明固より慕うべし、これを慕いこれに倣わんとして日もまた足らずと雖ども、軽々これを信ずるは信ぜざるの優に若かず。

〈十六編〉守護眼前的獨立

福澤諭吉針對個人的自主獨立，在《福翁百余話 人生の獨立》中提出其見解如下，[135]「所謂國民的獨立，以不煩礙他人為前提（略），獨立的內涵則有身、心之別，舉凡衣、食、住等有形之需求，可自力救濟者屬身體的獨立；而社交、處世等可隨所欲言、隨所欲行（略），不拘小節者則屬心念的獨立。身、心二者能夠兩全，始能成就人生，但若論及此有形、無形的遠近之間，一言蔽之，欠缺有形的獨立，就無法獲得無形的獨立」。[136]

延續《學問之勸》〈三編〉之所記「一身獨立、一國獨立事」，國中之民倘若欠缺

135 《福翁百余話 人生の獨立》（時事新報社，收錄於岩波書店《福澤全集》第七卷，東京），一九〇二年，一三三五—一三三六。

136 原文：国民の独立とは、唯他人の厄介にならぬことなり（略）、その独立にも心身二様の別ありて、衣食住有形の需要を自力に弁ずるを身体の独立と言い、社会の交際、処世法に、我が思う所を言い、思う所を行い（略）、秋毫の微も節を屈する事なきを心事無形の独立と言う。斯く二様を全うして初めて人生の本意に叶うことなれども、その有形無形いずれか遠近と尋ね場、先ず有形の独立を得るに非ざれば、無形の独立は遂に望なきことと知るべし。

獨立之氣，則遑論爲一國之獨立進行權義伸張。有形之獨立，以肉眼看得到，容易被理解；精神層面的無形之獨立，則隱含深意、影響層面淵遠遼闊，難以理解，以致容易被做出錯誤的解釋（十六編，一四三—一四四）。觀察今日的世間百態，阻礙眞心想要獨立自主的，不僅是飲酒一事，現實生活中更多的千奇百怪，都是使人往下沉淪之元凶。福澤諭吉做了如下的譬喻：「一如家戶之內沒有主人，一身之內倘若欠缺了精神，物質成爲主體，欲求更多的物質，而人則被物質所支配，進而成爲物質的奴隸」（十六編，一四四）。[137]

不僅如此，更嚴重的是人不僅受到自己的物質欲望支配，還可能受到他人的物質誘惑所使役。於是，不管是自己的、抑或是他人的，舉凡有欲念產生，便妄想擁有，福翁更做出如下之結論，即恐怕「從個人到家庭都任由物質欲望的自由妄想支配，而難以克制」（十六編，一四五）。[138]

個人獨立自主的前提莫過於投資置產，不斷苦其心志、勞其筋骨，財富累積終將來

---

137 原文：一家の内には主人なきが如く、一身の内には精神なきが如く、物よく人をして物を求めしめ、主人は品物の支配を受けてこれに奴隷使せらるるものと言うべし。

138 原文：我本心を支配するものは自分の物に非ず、又他人の物にも非ず、煙の如き夢中の妄想に制せられて、一身一家の世帯は妄想の往来に任ずるものと言うべし。

到可資運用的階段，然而卻被財富所支配。倘若精神層面無法獨立，好不容易可以滿足的物資需求，亦可能會以同樣的路徑而白白坐失。福翁的主旨是「余輩並非要稱羨守財奴的行徑，只是應該對用錢之法有所意識，人要制錢，而非為錢所制，千萬不要因此而坐失精神層面之獨立」（十六編，一四五—一四六）。[139]福澤諭吉的重點是必先達成經濟的獨立，這是有形的獨立，其次才能論及精神的獨立，即無形的獨立。而爲了保守精神的獨立，針對金錢的使用之道就必須下工夫，人要支配金錢，絕對不要被金錢所支配（大久保啓次郎，一三—一五）。

再說精神層面的「理想」與勞動身體的「行動」之間的相對關係，以簡易圖解說明之（見下頁）。

依福澤諭吉之所見，行動目標有大小輕重之別（略），但人的心念則非高尚不可，心念高尚，行爲自然變得高尚（十六編，一四七）。[140]舉凡日常生活中，演劇、學問、農業、著述等，皆屬人類的行爲活動。然而，因嫌棄演藝生活而以爲學爲目標者、

---

139 原文：余輩敢えて守銭奴の行状を賞誉するに非ざれども、ただ銭を用いるの法を工夫し、銭を制して銭に制せられず、毫も精神の独立を害すること勿らんを欲するのみ。

140 原文：第一、人の働きには大小軽重の別あり（略）、人の心事は高尚ならざるべからず、心事高尚ならざれば、働きも高尚ならざるを得ざるなり。

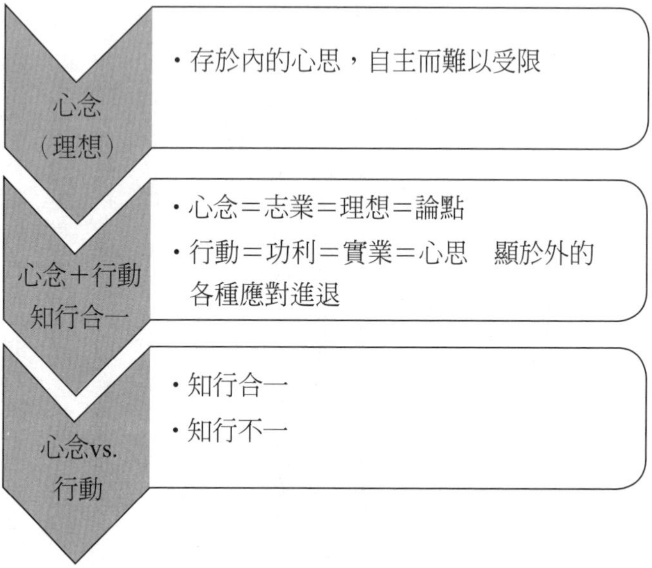
心念
（理想）
・存於內的心思，自主而難以受限
心念＋行動
知行合一
・心念＝志業＝理想＝論點
・行動＝功利＝實業＝心思　顯於外的各種應對進退
心念vs.
行動
・知行合一
・知行不一

因無法滿足農業生活而改以著述爲業者，都歸因於捨棄輕小之活動，轉換跑道而朝往所謂是重大的方向抉擇，這是人類的「向上心」作祟所致。而懂得以「重大」爲目標者，亦可謂是擁有崇高理想的人。

先不論難易程度，目標行動之於社會的貢獻度有大小之分。研究圍棋或將棋之困難度，其實並不會輸給天文、地理、數學等其他學問，但從社會貢獻度觀之，則難以成爲對手。因此欠缺選擇行動目標的判斷力，即使擁有明確的理想，亦經常陷入徒勞無功之憾（十六編，一四七）。[141]因此

141 原文：第二、人の働きはその難易に拘らずして用をなすの大なるものと小なるものとあり（略）心事明らかならざれば、人の働きをして徒に労して功なからしむることあり。

目標行動應自行約束，隨時有效判讀場域與時機，是否得宜（十六編，一四八）。[142]

相對地，空有高尚理想，卻欠缺行動者，經常怨天尤人，事與願違者比比可見。自己能做的事，經常與理想相違；而既有了理想，卻又因實力不足而難以落實（十六編，一四八）。[143]那些空有高尚理想，卻欠缺行動力者，經常遭致他人嫌惡，而變得孤立。原因無他，這種人的行動力難與他人並駕齊驅，且以自己的理想而對照他人的行為，又不禁油生輕蔑之念。那些沒有行動力的理想主義者也會遭致他人的輕蔑，而被社會排斥（十六編，一四九）。[144]

福澤諭吉提醒學子，世間之事舉凡重大事件乃至瑣碎雜務，針對他人之決斷，

---

142 原文：第三、人の働きにはなかるべからず、その働きをなすに場所と時節とを察せざるべからず。

143 原文：第四、前の条々は人に働きありて心事の不行届なる弊害なれども、今これに反し心事のみ高尚遠大にして事実の働きなきもまた甚だ不都合なるものなり。心事高大にして働きに乏しき者は常に不平を抱かざるを得ず。

144 原文：また心事高尚にして働きに乏しき者は、人に厭われて孤立する事あり（略）。人に対して比較するところを失い、己が高尚なる心事をもって標的となし、これに照らすに他の働きをもってして、その際に恍惚たる想像を造り、もって人に厭わるるの端を開き、遂に自ら人を避けて独歩孤立の苦界に陥る者なり。

在發言之前，應先設身處地盤點自己的意念與作爲。或者在不同業種之間，試圖介入時，應以工作內涵爲中心，進行自他之間的比較，以避免產生判讀上的錯誤（十六編，一五〇—一五一）[145]。

〈十七編〉論人望

所謂人望的條件，取決於人格特質，而受到社會期待者，則經常被稱之爲「人望家」。那些承擔大任者，勢必平生便擁有人望，倘若欠缺某種實力，則無法有效處理複雜的難事（十七編，一五二）。有人望者，無論從事商業貿易，抑或撰文著述等，自然是事半功倍，因此福澤諭吉強調，對社會人士而言，擁有人望亦是相當重要之一環（十七編，一五三）。

然而，應該如何獲取人望？畢竟人望無法憑藉個人之力而輕易取得，亦不會因個人財富，抑或是富豪身分就能取得（十七編，一五三—一五四）。人望是來自於個人的

145 原文：至大の事より至細の事に至るまで、他人の働きに嘴を入れんと欲せば、試みに身をその働きの地位に置きて、自ら顧みざるべからず、或いは職業の全く相異なるものあらば、よくその働きの難易軽重を計り、異類の仕事にてもただ働きとをもって自他の比較をなさば大なる謬なかるべし。

才能、智慧，以誠實德義的態度，日夜鑽研自己的職責，才有獲得之可能（十七編，一五四）。雖然人望是屬於智德者所有，但世間有些非智德者則憑藉自我標榜，沽名釣譽，亦受到世間人的矚目，但那是「人氣」，而非「人望」。福澤諭吉認爲眞正有高瞻遠見者，經常不汲汲於名譽之追求，甚者更有逃避的傾向（十七編，一五四），[146]其重點在於做人講求謙卑、低調。

既是如此，士君子是否應汲汲於人望名譽呢？其前提是應先詳知吾輩所追求之榮譽的特質。士君子的確應該努力求取人望，唯人望亦應恰如其分（十七編，一五五）。[147]因此，如何了解自己、發揮實力、貢獻社會，則別無他法，唯活躍於人際社交之間，試與社會各種階層的人事物多接觸，建立人脈、廣結善緣，[148]而非如《論語》〈學而〉篇之所云「君子不患人之不己知、患不知人也」，福翁認爲士君子的所作所爲應該是爲求

146　原文：ここにおいてか、やや見識高き士君子は世間の栄誉を求めず、或いはこれを浮世の虚名なりとして殊更に避くる者あるもまた無理ならぬことなり。

147　原文：然らば即ち栄誉人望はこれを求むべきものか。云く、然り、勉めてこれを求めざるべからず、ただこれを求むるに当って分に適すること緊要なるのみ。

148　原文：今この陋しき習俗を脱して活発なる境界に入り、多くの事物に接し博く世人に交わり、人をも知り己をも知られ（略）。

己立立人、己達達人（十七編，一五六）。[149]

年輕學子欲求有效發揮自我特質與實力，貢獻社會，就必須掌握以下幾項要領，其一是，爲了把自己的理念清楚傳達給對方，就必須學習遣字用詞（十七編，一五六）；[150]嫻熟當代用語，並致力於公衆面前的演講（十七編，一五六）。[151]其二是，經常保持和顏愛語的態度，避免遭人嫌惡（十七編，一五七）；[152]在與他人交往過程中，唯率眞親和而無他（十七編，一五九）。[153]其三是，結交新友之際，更不忘舊

---

149 原文：（略）一身に持前正味の働きを逞しうして自分の為にし、兼ねて世の為にせんとするには（略）。

150 原文：言語を学ばざるべからず。

151 原文：故に言葉にて成る丈け流暢にして活発ならざるべからず、（略）この外に言葉の流暢活発を得る利益は、演説者も聴聞者も共にするところなり。

152 原文：顔色容貌を快くして、一見、直ちに人に厭わるること無きを要す。

153 原文：されば人間交際の要も和して真率なるに在るのみ、その虚飾に流るるものは決して交際の本色に非ず。

友；[154]爲能廣結善緣，則不忘多才多藝，多面向地與人交流（十七編，一六〇）；[155]而世界何其廣大，人脈交流繁沓，千萬不要因煩瑣而不進（十七編，一六一）。[156]

154 原文：人に交わらんとするには啻に旧友を忘れざるのみならず、兼ねてまた新友を求めざるべからず。

155 原文：故に交わりを広くするの要はこの心事を成る丈け沢山にして、多芸多能一色に偏せず、様々の方向に由って人に接するに在り。

156 原文：世界の土地は広く人間の交際は繁多にして、（略）人にして人を毛嫌いするなかれ。

二 《學問之勸》解析

解析《學問之勸》十七編，必須隨時觀照幾個關鍵思考，包括「平等」、「文明」、「實學」、「品行」等，而這一切的一切所求無他，即個人與國家的「獨立自尊」。而依橫濱市立大學榮譽教授遠山茂樹之所見，則建議把〈初編〉~〈三編〉、〈四編〉~〈五編〉、〈六編〉~〈十編〉分開閱讀，較能有效解明福澤諭吉撰稿當時的發想、思惟與邏輯。其中，最受當時社會矚目的莫過於〈初編〉，而〈初編〉之宗旨乃意圖從國民啓蒙的角度，支持明治政府的政策革新，而絕非是爲了批判政府抑或是批判權力。相對地，對於反明治政府開明專制的民衆而言，福翁之於政策的思考則相對淡然。不容諱言地，此一時期的福澤諭吉並非只是一介單純草民而已，即使福翁沒有身負官職，但在某種層面上，此時的福翁卻是以政府施政幕後的指導者抑或是協力者自居，並以此自詡（遠山茂樹，四九）。

《學問之勸》之於二十世紀的意義

一八七一年（明治四）前後，福澤諭吉深信，在明治政府的開明政策下，勢必能造就出開化的國民，而政府與國民之間則結構出利害與共的關係。因此，國民大眾更需以向學爲志，求得一身獨立，藉此強化明治政府開明專制的特質（遠山茂樹，四九—五〇）。因此從〈初編〉～〈三編〉，基本上福翁是從民間啓蒙絕對主義指導者兼協力者的角度，思考幾項議題，包括爲學需先思考自我「分際」，而「分際」則與自主、自由是相對關係。福澤諭吉的「分際」之說，是行使個人自由權利之際，亦不能忽略社會責任的問題。換言之，個人必須明瞭自由與任性之間的區別，而國家亦同。

國家成爲國際社會一員的前提，即對於國家的分際能知所進退。受到列強打壓的明治日本，爲了有效實現自由不羈的「天理人道」，以基層民眾爲始，必先具備「獨立」之氣，國家整體才有伸張權義的可能，即先有〈二編〉的「人際之間應該同等」，進而才有〈三編〉所謂的「國際之間亦應同等」，以及「一身獨立、一國獨立」的理念（遠山茂樹，五〇—五一）。福翁意圖透過《學問之勸》的前三編，呼籲國民大眾必須具有近代國民的自我意識與責任感，日本才有可能在國際社會貫徹天理人道，保有國家的威光。即使國與國之間應該是對等權義的關係，但面對國際政治的現實，多以貧富強弱而相互角力，爲了避免受到海外列強的不正強暴，國家獨立自尊的前提莫過於「武力」的整備（遠山茂樹，五二）。

然而，福澤諭吉的思考邏輯並非要國民大眾爲了國家，而全然放棄自我。他在〈初編〉中開宗明義強調，自由不羈乃個人，甚至國家的天賦權利，不容被海外列強或專制政府剝奪。[157]換言之，福翁之於「一身獨立、一國獨立」的思考原點，是把民主主義與國家主義相互連結（遠山茂樹，五三）。

然而，多數時候福澤諭吉的發言，卻是從政府協力者的立場思考議題，他認爲國民的職分就是守法，倘若政府有暴政無道之處，亦不應蜂起抗爭，而是以向學爲志，以中產階級知識分子的立場，涵化社會世態。福翁在積極之餘的表象下，其內在卻是相對消極。其實他是從經濟觀點考量，爲避免付出太大社會成本的前提下，而走中道路線。因此，福澤諭吉研究者之一的遠山教授則以老獪思想家視之（遠山茂樹，五五）。然而，福澤諭吉的處心積慮莫過於「內安外競」，而福翁的這個心思則於一八八二年（明治十五）首次披露於《時事新報》的創刊號上。

《學問之勸》自〈四編〉以後，用詞遣字相對艱澀，因爲讀者群之設定對象乃爲學者。福澤諭吉認爲維持國家的自尊獨立，必須文明開化，而其推手既非政府，亦非小民，而是中產階層的知識分子。因此爲學者的當務之急，必先理解關係人民獨立之氣的「文明精神」之重要性。一國獨立自尊之基礎，源自於國民的獨立自主精神。知識分子

157 原文：人の一身も一国も、天の道理に基て不羈自由なるものなれば、若し此一国の自由を妨げんとする者あらば、世界万国を敵するも恐るるに足らず、此一身の自由を妨げんとする者あらば、政府の官吏も憚るに足らず。〈初編〉

以政府外圍的存在，可導引國民大衆朝往文明開化的目標邁進。不過，福翁所謂的知識分子，其所指的是洋學者，而非傳統的儒學家（〈四編〉，四〇）。洋學者背負著啓蒙社會的重責大任，而這也是包括福澤諭吉在內曾於一八七三年（明治六）成立「明六社」的原由。[158]然而，福澤諭吉在《學問之勸》〈四編〉、〈五編〉中斷然主張「學者在野論」，更明言仕出之洋學者則不足以恃，結果引發不少的反彈（遠山茂樹，五六—五七）。然而，福翁的主張是知識分子，即學者應以啓蒙小民之指導者爲志。

即使福澤諭吉所追求的是成爲自由不羈的一介平民，但在福翁的心目中，理想學者的形象，並非是不食人間煙火，僅活在學術象牙塔的知識分子，而是能夠自營生計的學者。因此，福翁基本上是排斥無爲徒食空理空論者，除了從「實學」的角度獎勵洋學之外，福澤諭吉更經常規勸門下生儘可能地以商爲業（遠山茂樹，五九—六〇）。而受到恩師的啓蒙，福翁弟子早矢仕有的（一八三七—一九〇一）早在維新後不久的一八六九年（明治二年）二月創立「丸屋商社」，即衆所周知的「丸善雄松堂株式會社」，該社乃是當時少數近代化的商業會社，致力引進西洋文化，更爲近代日本帶來所謂「丸善文化」的社會風潮。

---

158 「明六社」乃近代日本最早成立的一個社會啓蒙的學術團體，因成立的時間是明治六年，乃以「明六社」稱之。

然而，倘若日本的社會經濟要走向富裕之路，光憑國內的產業振興是不夠的，因此福澤諭吉在其後的《實業論》中，主倡日本必須積極從事國際貿易。福澤諭吉的這項論點，可謂是歷久彌新。日本地小人稠，土地破碎、土質貧瘠，冬日氣候寒冽，長久以來日本的社會經濟最大的困境，莫過於物資匱乏；而日本自古就是商業民族、海洋國家，早在第三世紀的中國史書《魏志》〈倭人傳〉中便有記載，日本的社會環境乃「國國有市、交易有無」。福澤諭吉認爲日本人非常適合「商工事業」之經營，理由有二：一是大和民族性格溫順、正直而不起盜念；另一則是日本人喜好整齊、清潔。因此，探尋優良職工，日本人是再適任不過的（永田守男，九〇）。既要扶植國際貿易，福澤諭吉在《實業論》中，便提出廢除出口稅之建言。福翁認爲政府向民間企業課徵出口稅，導致國民因繳稅而破財，政府卻因此而獲利，這是沒有道理的（永田守男，九一）。

一如前述，福澤諭吉在《學問之勸》〈四編〉、〈五編〉之論點，引發衆人撻伐，因此其後的〈六編〉與〈七編〉內容，可謂是補充前編的說明不足之處。前甲南大學名譽教授伊藤正雄（一九〇二—一九七八）的《福澤諭吉論考》，則試圖解明福翁對於把歐美近代民主主義國家的理念，直接套用於近代日本的思考。在《學問之勸》〈六編〉與〈七編〉中，福澤諭吉不斷強調政府與國民之間的「社會契約說」，即政府是人民的代理，而人民則有守法之義務（遠山茂樹，六二—六三）。

另一方面，對於威權政府的惡法，福澤諭吉反對民衆一味地抑制情緒、墨守成規，但亦不贊成以暴力抗爭、擾亂等行徑。換言之，福翁認爲「默從」或「破壞」皆非上策，唯以犧牲小我、固守正理乃為正途（〈七編〉，六九）。由此顯見，《學問之勸》〈六編〉與〈七編〉所訴求之宗旨無他，其一是，國民有遵守國法的義務與責任；其二是，國民應具有獨立自主精神，對於惡法惡政則無須默從（遠山茂樹，六七）。

《學問之勸》從〈八編〉以後，一改過去主張「上下同權，共同守護日本的獨立自尊」等論調，撰寫路線開始朝往學者修煉的方向轉型，遠山茂樹教授曾著書《福澤諭吉：思想と政治との関連》提出個人見解。即當前述福澤諭吉在〈七編〉中提出面對惡法惡政之道，即犧牲小我以固守正理之際，曾受到當時輿論的嚴厲撻伐，無論是共和制論者抑或基督教信眾，皆投書報紙媒體批評福翁是國體破壞者，甚者福澤諭吉亦曾收到來路不明的恐嚇信，這抑或是他臨時更換撰寫議題之主因（遠山茂樹，六九）。

近代日本在一八七三年（明治六）前後，可謂是內憂外患層出不窮的年代。以明治七年（一八七四）的「臺灣出兵（牡丹社事件）」為例，福澤諭吉已經看出，即使這是日、清兩國之間的問題，但西方列強亦介入其中，並因而獲取漁翁之利，畢竟無論是日本或清廷都須向列強購買新式武器。另一方面，無論是「征韓論」，抑或是「征臺論」，此一時期的對外議題都與國內不平士族因既有特權之消滅，轉而對明治政府反彈等內政問題糾結一起。因此，福澤諭吉在《明六雜誌》上連續發表文章，不斷強調明治日本的困境在國際外交上，內部問題還可以忍，外部問題則不能忍（遠山茂樹，七三），而這亦是福翁撰寫《學問之勸》全十七編的背後動機。然而，福澤諭吉「上下同權」的主張，則遭致長期以來階級社會傳統思惟的質疑與非難（遠山茂樹，七四），上述的諸多因素都是導致《學問之勸》之撰寫方向中途轉型的關鍵所在。

既然福澤諭吉撰寫《學問之勸》是因時制宜，他的議題發想自然與近代初期日本的歷史發展，息息相關。受制於篇幅，本節僅針對《學問之勸》的具體內涵進行解析。唯可確信的是，該書之內容與宗旨不僅適用於二十世紀，即使在二十一世紀的今天，仍合時宜，顯見《學問之勸》何以能夠成為日本社會少數歷久彌新之作的主因。

《學問之勸》之於二十一世紀的意義

二〇一一年日本NHK電視臺節目「一〇〇分de名著」，曾以福澤諭吉《學問之勸》為題，分四回播出，向日本社會介紹這部讓人能夠開朗進取的歷史名著。第一回的主題是「以學問開創人生（学問で人生を切り開け）」、第二回則是「成為敢與國家抗衡的人物（国とわたりあえる人物たれ）」、第三回則是「要活得獨立自尊（独立自尊で生きよ）」、第四回是「如何活用《學問之勸》（いま『学問のススメ』をどういかすか）」，主講者乃明治大學文學部教授齋藤孝。雖然《學問之勸》全十七編皆有可資效法之處，但受限於電視節目的製作時間，齋藤教授的重點介紹最多僅參考至〈十四編〉，多少留下遺珠之憾。但對於初學者而言，至少可從《學問之勸》獲取如下的三點啓發，其一是以實用之學開創人生；其二則是成為獨立自尊的自由人；其三是胸懷大志且不卑不亢。[159]

福澤諭吉在《學問之勸》〈初編〉開宗明義，「天不在人上造人、不在人下造人」，齋藤教授明白指出福翁並非主張人生而平等，而是指人因「學問」之有無而有階級上下之別，因而鼓勵年輕學子應致力向學，福澤諭吉對自我期許的氣概與信念，嶄露無遺。在齋藤孝氏的認知中，福澤諭吉搬出西方諺語「與其給人魚吃，還不如給他一支釣竿（**Give a man a fish, and you feed him for a day. Teach a man to fish, and you feed him a lifetime.**）」（初編，一二），[160]富貴等同於地位與資產，而其高低多寡則取決於人的勞力付出，由此顯見福翁腦海裡充斥著嚴峻的競爭原理（齋藤孝，九—一〇）。面對幕末維新的時代轉換期，即使日本社會並沒有把福澤諭吉與一般的「維新志士」等同視之，但齋藤孝氏則認爲福澤諭吉仍可謂是一種「志士」，而他又與一身充斥著「大和魂」精神的吉田松陰（一八三〇—一八五九），在人格特質上略顯不同（齋藤孝，一八）。

在福澤諭吉的《學問之勸》對於「學問」的定義是什麼？以一言蔽之，福翁所謂的「學問」，並非學院派的純學術理論，而是對日常生活或職場工作有用的智慧，即實用

159 齋藤孝《学問のススメ：福沢諭吉》（ＮＨＫテレビテキスト：一〇〇分de名著第一巻第四号）、二〇一一年七月。

160 原文：諺にいはく、天は富貴を人に与へずして、これをその人の働きに与ふる者なり。

之學（〈初編〉，一二）。[161]用現在的說法，就是技職體系下可「學用合一」之學問。從福澤諭吉的視點觀之，舉凡繳交高額學費，長年苦讀，卻難以維持生計者，不過是一介「文字的問屋」、「吃飯的字典」，對國家而言可謂是「無用之長物」，「妨礙社會經濟發展的食客」（〈二編〉，二〇）！[162]福翁這樣的譬喻，恐怕會令現代臺灣社會的流浪博士略顯尷尬。

福澤諭吉主倡的重點在於，為學不僅要做有趣的學問，更要做「有用」的學問。因此，學農就要以成為豪農為職志，從商就要以成為豪商為目標，總而言之，為學不能安於現狀，立定之目標必須遠大（〈十編〉，九七）。在《學問之勸》出版之後不久，一八七九年（明治十二）福澤諭吉又撰寫《民情一新》，[163]該書亦可謂是《學問之勸》的補注版，除了談學問技術的活用之外，更強調技術的活用必須與社會的思想脈動連結，而不能獨立存在（永田守男，九六），用現在話語來說就是「科技來自於人性」。

161 原文：畢竟その学問の実に遠くして、日用の間に合はぬ証拠なり。

162 原文：なほも一個私立の活計をなし得ざる者は、時勢の学問に疎き人なり、これらの人物は、ただこれを文字の問屋といふべきのみ。その功能は飯を食ふ字引に異ならず。国のためには無用の長物、経済を妨ぐる食客というて可なり。

163 福澤諭吉《民情一新》（藏於慶應義塾大學圖書館，東京），一八七九年（明治十二）。

例如福澤諭吉在該書中提及蒸氣力等窮理之術等，依慶應義塾大學管理工學教授永田守男氏的理解，福翁的思想進程則與早期在「適塾」所受的學理薰陶不無關聯（永田守男，九三—九五）。

一八九三年五月，福澤諭吉鑒於明治日本之於實業發展，進步緩慢，乃為文撰寫《實業論》一書，鼓吹「實業革命」。福翁主張應培養有志之士接受相關實業教育，輔導他們進入實業界服務；以民間的力量，成為日本社會實業發展的動力來源；並以振興國際貿易為要，以成為實業革命的經濟後盾；在技術革新與掌握最新科技資訊的前提下，日本社會的實業革命勢必能有效達成（永田守男，八七）。

而《學問之勸》在獎勵實學研究之外，另一內涵則是鼓吹「全民皆學」。福澤諭吉撰稿時的文字表現，與一般日本人的用語不同，不含糊曖昧，而是習於一語道破，讓閱讀大衆有所震撼、甚至感到無地自容。而這與福澤諭吉的身處年代，日本不斷受到西方列強蠶食，包括福翁在內，當時日本社會的有志者不禁對國家今後的未來深感憂心所致。除了福翁本身的人格特質之外，也是出於國家有難之焦慮感使然。在這樣的時代氛圍下，福澤諭吉透過《學問之勸》的撰寫，意圖對國民大衆叱吒激勵、鞭策鼓舞。當他提出「為學乃全體國民的使命」這樣的思惟時，對當時上下階層壁壘分明的日本社會，帶來一股希望與勇氣，不少年輕人受到該書鼓舞而想離開故鄉前往東京去學習或就業（齋藤孝，二二四—二二七），《學問之勸》顯然是一本改變近代日本社會人心的關鍵書物。

在前述《實業論》中，福澤諭吉認爲「士流學者」乃實業革命的推手。福翁所謂的「士流學者」是指舊士族，以及其他習得相關學問之有志者。事實上，即使《學問之勸》出刊後業經二十年，日本社會的法政、軍制、學術、教育等陸續整備起來，然而工商實業的部分依舊是百廢待興，並沒有跟隨時代的脈動而同步近代化。以故，福澤諭吉才爲文撰寫《實業論》，強化《學問之勸》探討不足之處。透過《實業論》，福澤諭吉向當時日本社會的士流學者之輩強調，倘若欠缺高瞻遠見的品德、知識，則無法從事實業之經營（永田守男，八八—八九）。

一八六一年（文久元），福澤諭吉有一個機緣前往歐洲視察，他見識到英國的議會制度與經濟體制，而國民亦非一味地跟隨政府的指令行事，相反地，政府僅是國民票選出的代表罷了。福澤諭吉清楚意識到所謂「近代國家」，一項重要的特質，即國民應該抱持一股能與政府抗拮的心力，藉此而得以維持雙方之間的均勢關係（〈四編〉，四三）。[164]爲建構這種關係，福澤諭吉主張國民應具備教養與知識，才足以與政府抗衡。只要能講出道理，一有質疑，自然能理直氣不壯地向政府提出異議，即使捨身爲仁亦在所不惜，畢竟以一人的殉難（martyrdom）而達成改變世態之目的，所付出的社會

164 原文：（略）国民の力と政府の力と互いに相平均し、もって全国の独立を維持すべきなり。

成本相對較少（〈七編〉，七〇）。[165]

福澤諭吉的理論原點起自於西諺「苛政踩在愚民之上[166]（harsh politics on the fool people）」（〈初編〉，一七），[167]因此行仁政的基本前提莫過於民智的提升。面對暴政，基本上福澤諭吉是反對需付出高額社會代價的武力蜂起。倘若國民大眾擁有足夠的知識，明確的判斷力，即使是位高權重的政府亦不敢造次；另一方面，爲了能在優質政權管理下生活，福澤諭吉主張以些微的稅金換取國家安全的守護，天下沒有比此更划算的交易，因此國民納稅應該更乾脆點（〈七編〉，六七）！[168]

既然福澤諭吉主張國民大眾應勇敢地對政府施政提出建言，當前首要之務就是須革除社會一般傳統封建的「從屬意識」。即使社會已進入「御一新」的時代，然而「官尊

165 原文：失うところのものはただ一人の身なれども、その功能は千万人を殺し千万両を費やしたる内乱の師よりも遥かに優れり。

166 原文：愚民の上に苛き政府あり。

167 原文：西洋の諺に愚民の上に苛き政府ありとはこの事あり。

168 原文：凡そ世の中に割合よき商売ありと雖ども、運上を払うて政府の保護を買うほど安きものはなかるべし。

民卑」的思惟依舊根深蒂固（〈四編〉，三八）。[169]既是如此，國民大衆習於等待來自政府的指令行事，社會整體便因欠缺自主性與創造力，而顯得欲振乏力，更成爲明治日本隱憂之所在（〈四編〉，三九）。[170]倘若民衆欠缺自主氣力，社會文明之精神亦變得衰竭（〈五編〉，五〇）。[171]畢竟文明之一切悉皆爲了增進國民氣力，支持國家的獨立自尊（〈五編〉，五一），[172]而知識分子更擔負著國家獨立之維持、文明之養成的重責大任（〈五編〉，五一）。[173]

福澤諭吉意圖打破明治日本的「主君至上」、「官尊民卑」之舊有心態，在福翁的認知中，文明開化的新時代國民必須先求個人的自主獨立，才得以與政府抗衡，共同

---

169 原文：近日に政府の外形は大いに改まりたれども、その専制抑圧の気風は今なお存せり。人民もやや権利を得るに似たれども、その卑屈不信の気風は依然として旧に異ならず。

170 原文：維新以来、政府にて、学術、法律、商売等の道を興さんとして効験なきも、その病の原因は蓋しここに在るなり。

171 原文：この勢いに乗じて事の轍を改むることなくば、政府にて一事を起せば文明の形は次第に具わるに似たれども、人民には正しく一段の気力を失い文明の精神は次第に衰うるのみ。

172 原文：故に文明の事物悉皆人民の気力を増すの具となり、一事一物も国の独立を助けざるものなし。

173 原文：文明を首唱して国の独立を維持すべき者はただ一種の学者のみなれども（略）。

尋求國家的獨立自尊。在這項論點的背後，則隱含著「政府乃人民之公僕」的觀念，因此國民與政府應該是對等存在。以故，福澤諭吉自己「有言實行」，無論是在《文明之概略》（一八七五）、《分權論》（一八七七）、《國會論》（一八七九）、《時事小言》（一八八一），甚或是福翁自行創刊的《時事新報》（一八八二－一九五五）中，皆力倡政府之於國民的權責關係（齋藤孝，三九－四二）。甚者，福澤諭吉以「不羈獨立」的概念強調，影響近代國家獨立自尊的關鍵是來自「民力」，這恐怕是福翁之所以不想「學而優則仕」的主因所在。

因此，福澤諭吉之於知識分子的形象期待是，胸懷大志、獨立不羈，為了社會、國家，即使走在正途上沒有志同道合者，天涯海角亦得繼續獨行下去（〈十編〉，九五）。[174]至於那些無能的政府公職人員，滿口天花亂墜地吹噓天下國家論者，顯然是非我族類（〈四編〉，四五）。[175]另一方面，一如前述，在《實業論》中福澤諭吉主張士流學者所致力的實業社會，基本上屬民間層面，而他再三強調應由民間主導實業革

---

174 原文：その志を高遠にして学術の真面目に達し、不羈独立もって他人に依頼せず、或いは同志の朋友なくば一人にてこの日本国を維持するの気力を養い、もって世のために尽さざるべからず。

175 原文：無芸無能、僥倖に由って官途に就き、慢に給料を貪って奢侈の資となし、戯れに天下の事を談ずる者は我輩の友に非ず。

命，顯見福翁基本上是站在「自由主義經濟」的立場思考問題。福澤諭吉明白表示，政府官員對社會經濟的實態所知有限，不宜干涉太多，以近代日本的生絲、製茶、紡織、製紙產業爲例，社會經濟的原動力還是來自民間（永田守男，八九—九〇）。

《學問之勸》的重要關鍵字莫過於「獨立」一語，無論是個人的自力，抑或是國家的尊嚴，皆與「獨立」二字之內涵緊密相結。因此，何以福澤諭吉取戒名爲「大觀院獨立自尊居士」，福翁既視「獨立自尊」爲其思想核心，此亦是可想而知的（齋藤孝，五〇）。在福澤諭吉的認知中，欠缺獨立氣息者，自然依賴成性，養成對人屈膝哈腰之惡習，而自己都難以獨立自保，又遑論能爲國家貢獻什麼？唯全體國民立志向學，求得一身自立，國家整體才有獨立自尊的可能（〈三編〉，三一—三二）。[176]

另一方面，福澤諭吉在《學問之勸》中除了談論爲學的重要性，以及知識分子的使命之外，對於知識分子的「分際」，福翁亦多所著墨。福澤諭吉以「楠公權助論」[177]

176 原文：（略）外国へ対して自国を守るに当り、その国人に独立の気力ある者は国を思うことと深切にして、独立の気力なき者は不深切なると推して知るべきなり。

177 日本南北朝時代，有楠木正成者在湊川（今神戶）討死，另有稱「權助」者因掉了主君的一兩金而上吊自盡者，福澤諭吉以「愚忠」視之，並認為該行徑不足取。

與「赤穗不義士論」[178]爲例，強調惡法亦是法，進而批評不守國法、執行私裁者，可謂是超越國民應有之分際，不足可取，畢竟國法的執行者唯政府是也（〈六編〉，五九）。[179]然而，打破長久以來日本國民大衆心中偶像的忠義形象，福澤諭吉的大膽狂言，勢必受到當時社會輿論的嚴厲撻伐（齋藤孝，四七）。

福澤諭吉的理想國度乃成熟的民主主義社會，但比較貼近精神主義的層面，而非物質主義之範疇。在「自由自在」的前提下，福翁主張知識分子須嚴守分際，以避免陷入任性的盲點中。而所謂的分際，以一言蔽之，即遵從天道人情之理，且不妨礙到他人，才算陟於一身自由之境。除了嚴守「分際」之外，爲了善盡知識分子的職責，謀求社會民智的提升，福澤諭吉更主張知識分子須懂得「社交」活動，以及增進公衆「演說」的能力，同時拋開人性弱點之「怨懟」情緒，廣結善緣，且須耐得了孤寂，才有可能搖變成眞正「獨立自尊」的個體（齋藤孝，五五—七〇）。

而福澤諭吉之於「怨懟」的議題又與他的「女性論」相結。長久以來日本婦德的教

178 日本德川時代，淺野家的舊屬為了替主君報仇，乃仇殺了對手吉良上野介，當時世間多以「赤穗之義士」稱之，福澤諭吉認為民衆罔顧國法的重要性，跨越分際，試以私裁善了，其行徑不足取。

179 原文：すべて一国の法は唯一政府にて施行すべきものにて、その法の出る処愈々多ければばその権力もまた随って愈々弱し。

條來自於貝原益軒的《女大學》，福澤諭吉認爲男尊女卑的社會是促成女性「怨懟」情緒的源頭。「怨懟」是壓抑所衍生而出的一種人性弱點，並深根於日本社會，性別、階級的差別都是社會「怨懟」產生的源頭，在《學問之勸》的〈十三編〉、〈十五編〉，福澤諭吉皆曾闢文探討。[180]

福澤諭吉《文明論之概略》中，福翁更以「猜疑忌妒之心」定義所謂的「怨懟」情緒。根據日本東京大學法學部政治思想講座教授丸山眞男（一九一四年—一九九六年）的研究指稱，福翁之所以把「猜疑忌妒之心」拿來定義「怨懟」，應該是來自英國自由主義思想家米勒（John Start Mill，一八〇六—一八七三）《自由論（*On Liberty*）》的說法，「…… that most anti-social and odious of all passions, envy……」，而福澤諭吉更把西文envy，譯成日語「怨望」，於此我們則把它翻成漢語的「怨念」或「怨懟」。基本上，福翁認爲女性潛在的知能、才情被棄置不顧的話，「怨懟」情緒自然衍生，唯廢除男女差別的社會制度，讓女性也能擁有與男性對等存在的地位與自由，才能消滅社會的「怨懟」情緒，因此其後福澤諭吉出版不少女性論相關之著作（小泉仰，一一）。

而福澤諭吉在過世的前一年，率領門人、門生編纂《修身要領》二十九條，一九

180 小泉仰〈福沢諭吉の女性論における「怨望」とJ・S・ミル〉（《福澤諭吉書簡集 月報一》第一卷，岩波書店，東京），二〇〇一年一月。

○○年則以「福澤之道德律（Fukuzawa's Moral Code）」爲名，公諸於世，而該書的關鍵思惟，莫過於「獨立自尊」。依福翁之見，所謂「文明社會的道德」形象不外乎從個人、家庭、組織，乃至社會國家，都能求得健全的「獨立自尊」之道（永田守男，九八）。而相較於三十歲年代撰稿的《學問之勸》，還曆以後完成的《修身要領》，即使內容大同小異，可謂是《學問之勸》的進階版，但用詞遣字卻是相對內斂，顯見耳順之後的福澤諭吉，隨著歲月的推移，情境的轉變，其心念亦從不羈獨立的方向逐步朝往隨心所欲不逾矩的層次昇華，但福翁之於社會國家的思考，則是一路走來始終如一。

參 《學問之勸》釋疑

福澤諭吉的出版著作，從《西洋事情》初編（一八六六年）開始，《西洋旅案內》、《條約十一國記》（一八六七年）、《訓蒙窮理圖解》（一八六八年）、《世界國盡》（一八六九年）、《啓蒙手習之文》（一八七一年）、《學問之勸》初編、《童蒙教草》（一八七二年）、《改曆弁》（一八七三年）等，幾乎每一本皆以驚人之部數賣出，而其背後則是僞版在充發賣部數。因此，一八七三年（明治六）七月十七日福澤諭吉向當時的東京府提交訴訟書，相關內容收錄在《福澤諭吉全集》十九卷〈僞版に関する訴訟書類〉，[1]福翁試將西文「copy right」的觀念，以漢語「版權」譯出，爲了捍衛自己的權利，針對僞版問題曾採取一連串猛烈的抗議行動。相關的問題，在福澤諭吉與適塾時期同窗山口良藏之間的往返書簡中，可略知一二。[2]

而《合本學問之勸》在序言中，針對該書之撰文體裁，重點說明如下：

> 合本的序文記載，〈初編〉刊行於一八七二年（明治五）二月，但跋文的日期標示卻是一八七一年（明治四）末十二月。而〈初編〉原始版本的形式到底如何，長久以來都是研究者質疑的問題，近年來各家之間對於初版的推論，逐步有了共識，即在四六版大小（十八×十一・五cm）的茶色表紙之下，內文則以西洋紙兩面印刷共

---

1 《福沢屋諭吉の研究》（思文閣出版，京都），一九八八年，二八四。

2 慶應義塾《福澤諭吉書簡集》（岩波書店，東京），二〇〇一年一月，三七七。

二十四頁，頁面活字呈清朝體，每頁有八行，每行二十三字。封面的左上側以裝飾用題箋貼有「学問のススメ 全」字眼。而文本的第一行，記有「学問のススメ」，次行下方則寫上「福澤諭吉 小幡篤次郎 同著」等字眼。而文本末尾則附上「余輩之故鄉中津辨學相關」，而以學問之旨趣以示同鄉舊友，在眾人勸說下乃以「慶應義塾活字版」印刷出版《學問之勸》，並與該書卷頭同樣，以「福澤諭吉 小幡篤次郎記」而留下署名（池田彌三郎，三）。[3]

3　原文：初編は合本の序によって明治五年二月に刊行せられたものと知られるが、跋文には明治四年末十二月の日附がある。その初編の初版本が如何なる形のものであるかは、久しく研究家の問で議論されていたが、近年諸家の間で初版本と推定して誤りなかろうとほぼ意見の一致した一種の版本がある。それは大体四六版ぐらいの大きさ（十八*十一・五cm）の茶色表紙、本文西洋紙両面刷二十四頁、清朝体の活字二十三字詰八行に組んだもので、表紙の左肩に《学問のススメ　全》という文字をオーナメントで囲んだ題箋が貼ってある。本文第一行に《学問のススメ》次に「福沢諭吉　小幡篤次郎　同著」と記され、末尾の端書には、「余輩の故郷中津に学校を開くに付き」学問の趣意を記して同郷の旧友に示すつもりで著したものを、人の勧めによって「慶応義塾の活字版を以て」印刷して出版したものであると述べ、巻頭と同様に「福沢諭吉　小幡篤次郎　記」と記してある。（參照「ウィンベル教育研究所」網站，網址如下：http://www.winbell-7.com/roman/mokuroku/win-1/fukuzawa/win0050005.html）（二〇〇二－一〇－一六），二〇一六年八月八日。

一如前述，福澤諭吉的《學問之勸》十七編原則上並非是系列叢刊，〈初編〉於明治五年（一八七二）二月付梓之際，意外地竟一舉成為暢銷書，進而有續編的出版。〈二編〉之後的出版內容，多為福翁隨機關心之主題，從〈初編〉至〈十七編〉的撰寫，時而每月出刊一編，其後也有三、五個月再出刊，甚者則超過一年者亦有之，而前後共花費了四年九個月才算完稿（遠山茂樹，四五—四六）。

偽本《學問之勸》

無獨有偶地，日本愛知縣政府以福澤諭吉口述為名，於一八七二年（明治五）五月發行《學問之諭》，一般認為該書或可成為偽本《學問之勸》，以書名的一字之差，魚目混珠。事實上，偽本與正本之間之於〈初編〉的文本內容並無兩樣，而最大的差異處是文末有關縣廳役人對管下民眾的諭示體裁，明顯有稍改寫。然而，這並非出自愛知縣廳吏之所為，據聞原本亦有同樣內容，並藏於中津市立圖書館所收舊中津藩文書而以《見聞雜記》為題的手抄稿中。

然而，該書除了收錄一份欠缺表題的《學問之勸》〈初編〉手抄稿之外，於文末亦放入一段與前述愛知縣偽本改撰相雷同的文章，末尾記有「辛未十二月 元中津縣」等字眼。在新史料出土之前，一般認為末尾那段應該是另外被附加上去的（池田彌三郎，四）。換言之，原始版本應無該段註記。

日本國文學者池田彌三郎（一九一四—一九八二）之研究指稱，當時聽聞舊中津縣知事奧平昌邁（一八五五—一八八四）持有勸學文一篇，其他諸縣乃以公文照會，向該縣索取勸學文，以致中津縣政府送交他縣的《學問之勸》〈初編〉末段，還附加了一篇改寫之作，而愛知縣的偽本疑雲，應該就是根據中津縣版的改寫本再複製出刊所致。

《學問之勸》發刊後，樹大招風，既成爲評論之標的，抑或是媒體批判的題裁。無論是批判、反論、或是擁護論等，在當時重要的平面媒體如《郵便報知新聞》、《日新眞事誌》、《新聞雜誌》、《朝野新聞》、《橫濱每日新聞》等俯拾皆是。[4]尤有甚者，莫過於一八七四年（明治七）二月、三月刊行的〈六編　論國法之可貴（国法の貴きを論ず）〉與〈七編　論國民之職分（国民の職分を論ず）〉，輿論對於文中把楠木正成的戰死與奉公人權助的縊死，等同視之，因難以苟同而予以非難。[5]而《日新眞事誌》甚至另闢讀者投書欄，歡迎抱持不同見解之士投書筆戰。[6]

又，初版《學問之勸》的印刷者「岩崎書店」，版型亦與今「岩波新書」雷同。「岩波新書」創刊於一九三八年（昭和十三），當時是參考英國鵜鶘圖書（**Pelecanus**

4 前揭《福澤諭吉書簡集》，四〇一、四〇三。
5 前揭《福澤諭吉書簡集》，四〇〇。
6 前揭《福澤諭吉書簡集》，四〇三。

Books）的版型設計而拍板定案的；而岩波文庫的《學問之勸》則是始於一九四九年（昭和二十四）出版刊行。

《學問之勸》釋疑

而何以岩崎書店會出版《學問之勸》，爲岩波文庫版撰寫解說的昆野和七氏，在新版序中做了如下說明。他強調由於發現福翁著述相關之新史料，乃有普及版的岩波文庫版發刊，即把過去的新書版重新改版刊行。而所謂的新史料，即《學問之勸》十七編中有兩編，因福翁的思考改變而未予公刊。所謂的新史料兩編，即以「論一身之自由（一身の自由を論ず）」爲題，而另一篇則是沒有標題，但內容卻是「探討民權論與國權論的問題（民権論と国権論との関係を論じたもの）」。而岩波文庫版的《學問之勸》中，最令人矚目的莫過於《附錄學問之勸之評（附録学問のすすめの評）》，並附上「慶應義塾五九樓仙萬記」。而「五九樓仙萬」即福澤諭吉的筆名。

一如前述，當《日新眞事誌》特闢一投書欄讓社會各界針對福澤諭吉的論調提出指教時，福澤諭吉則以「五九樓仙萬」之名加入筆戰，爲自己辯白。[7]

---

7 前揭《福澤諭吉書簡集》，四〇四。

何以福澤諭吉會另以「五九樓仙萬」爲筆名，發表論點？前述國文學者池田彌三郎從父親那邊聽聞之逸事如下，據聞《學問之勸》〈六編 論國法之貴〉，針對「赤穗浪士的報仇（赤穂浪士の仇討ち）」的意圖私刑之舉，福翁主張「淺野內匠頭被判切腹，而吉良上野介則是無罪，應向幕府控訴這種不合理的判決」[8]。另，同《學問之勸》第七編「論國民之職分」文中，把「忠君義士大楠公的討死與無法嚴守主君之命的權助之死」[9]等同視之，福翁則認爲「爲了滿足一己之私的死，無益於社會文明的發展」[10]。上述福澤諭吉的反古論調，不見容於明治初期的日本社會，乃引發社會輿論的嚴厲撻伐。而福澤諭吉亦不甘示弱，他改以「五九樓仙萬」之名，在《郵便報知新聞》投稿爲自己辯白，而相關文章亦被轉載於《朝野新聞》、《日新眞事誌》、《橫濱每日新聞》等當時日本社會的各大報（池田彌三郎，四—五）。

顯見近代日本對於福澤諭吉論點的關注，始自於戰前。根據京都大學八木紀一郎教授的研究觀之，整體而言，福翁多半被評價爲合理主義者與自由主義者，然而鑒於戰前的日本社會，國家主義氛圍充斥，福澤諭吉亦被含括在國家主義者的行列中。另一方

---

8 原文：浅野内匠頭は切腹で吉良上野介は無罪という不合理を幕府の裁判に訴えるべきであった。

9 原文：忠君義士の大楠公（楠木正成）の討死と主君の命令を守ることができなかった権助の死。

10 原文：私的な満足のための死で、世の文明の役に立たない。

面，在唯物史觀下，福澤諭吉則被崇信馬克思主義的歷史學者視爲是「絕對主義下的開明派」，抑或是「新興的普羅階層」。

肆　再談福翁

一　福澤諭吉迷思之背景

福澤史觀的本質

福澤諭吉一生的著作雜沓繁多，亦是古今中外少數可以等身高自詡的思想家。而其思考與當時的社會脈動緊密相結，欲有效歸納其思想精髓並非易事。根據福澤諭吉研究者小泉信三教授的認知，福翁的思考核心主要有三，一爲實學的精神；其二則是《學問之勸》的教示；其三則藏於福澤諭吉的歷史觀。[1]而在近現代日本歷史上，日本社會每每遇上瓶頸之際，這三個思考精神經常扮演社會迷思的救贖，幕末維新時期、太平洋戰爭敗戰之後，以及所謂「消失的二十年」的現在，日本社會重新思考福澤諭吉的教示，意圖從中尋得解決之道，更顯見福翁思想歷久彌新的魅力。

衆所周知，福澤諭吉出生於日本江戶時期，當時武士的基本素養首重名分的漢學研究。年少時期的福澤諭吉亦曾跟隨故鄉中津藩的藩儒白石常人（一八一五—一八八三）

1　小泉信三《福澤諭吉》（弘文堂，東京），一九四八年。

學習，在《福翁自傳》中福澤諭吉自剖自己遍讀中土史書無數，舉凡前後漢書、晉書、五代史、元明史略等皆曾涉獵，其中《左傳》全十五卷最能引發他的興趣，據說福翁讀過了十一次，並把關鍵要處直接背誦下來。然而，當福澤諭吉開始接觸西洋科學時，過去習得的史書已難以滿足福翁之於學問的欲求。福翁意識到傳統的史學研究不過是王室族譜的調查，抑或是講釋師事後諸葛的軍談罷了。福澤諭吉試重新思考史學研究的眞義，而前述《英國文明史》則成爲啓發福翁思想的重要關鍵書物。然而，即使該書之於福翁思想之啓發有其無法磨滅的存在，但福澤諭吉卻發展出自己獨到的見解，在《文明論之概略》末章中，福澤諭吉提出了國家獨立擁護論，福翁的歷史思惟明顯與《英國文明史》作者亨利．巴克爾（Henry Thomas Buckle）的思考可謂是同工異曲，各吹其調（小泉信三 a，五三）。

依小泉信三教授之見，福澤諭吉所處的年代，僅有政府的歷史，而無國家的歷史，因此史學研究侷限於族譜的調查或軍談講釋，無論作爲警世之用，抑或是學術研究，皆有其意義，這是無可厚非的（小泉信三 a，五七）。但在福澤諭吉的認知中，史學研究的眞義在於掌握「時勢」。福翁的觀察研究指稱，國家的治亂興廢並非兩、三人可爲之事，其關鍵在於當時的社會「時勢」，而「時勢」的具體內涵爲何？即「該時代賦予人民的智德程度（其時代の人民に分賦せる智徳の有様）」。[2]福澤諭吉認爲世間的治亂興廢無關乎英雄豪傑的個人能耐，畢竟以兩三人之力是無法扭轉人心向背，問題的關鍵則在於民衆之智德。其原文如下：[3]

世の治乱興廃も亦斯の如し、其の大勢の動くに当て二三の人物国政を執り天下の人心を動かさんとするも決して行はる可きに非ず、況や其人心に背て独り己の意に従はしめんとするものに於てをや。古より英雄豪傑の世に事を成したりと云ふは其人の技術を以て人民の智能を進めたるに非ず、唯其智徳の進歩に当てこれを妨げざりしのみ。

小泉信三教授認爲福翁的說法，有待商榷，畢竟是時勢創造英雄，抑或是英雄改變時勢，至今仍是見仁見智（小泉信三 a，五七）。重點是福澤諭吉認爲「時勢」即民衆人心的化身，換言之，時勢亦可謂是「民情」，因此其後福翁便撰寫《民情一新》，探

2 《文明論之概略》卷之二第四章〈一国人民の智徳を論ず〉（收錄於《福澤全集》第四卷，時事新報社），一九二五年十二月，六六。

3 前揭《文明論之概略》卷之二第四章，六七。

討民情走向的源流爲何。在福澤諭吉的認知中，推動民情走向的關鍵莫過於「科技」，蒸氣動力的運用、印刷技術的提升、郵便制度的設計等，的確是十九世紀顚覆社會、民情一新的動力。然而，科技始終來自人性，機械取代人力，文明爲人類帶來進步與繁榮的背後，同時亦帶來了失業、混亂與階級。福澤諭吉的隱憂，即使在二十一世紀的今日，放眼望去AI人工智慧的精進，不僅逐步改變人類的生活，即使勞力密集的低所得國家也可能喪失競爭力，更多的工作機會將被自動化機器所取代。

而過去曾飽受身分階級之苦的福澤諭吉也預想到了這一點，其後又撰寫《舊藩情》一書，批判過去江戶時期除了有士農工商等四民的差別之外，即使在權力者階層的武士，亦有上士與下士之分，顯然作爲西洋文明東道主的福翁，有其社會科學家的敏銳觀察力，更是不辱先覺者之美名。福澤諭吉撰寫了《民情一新》與《舊藩情》二書，以致福翁的史觀思想經常被視爲是「唯物史觀」的變化形。然而，依小泉信三教授的理解，福澤諭吉畢生應該是對卡爾．馬克思（**Karl Marx**，一八一八—一八八三）或是馬克思主義毫無所悉（小泉信三，一三九）。而《民情一新》與《舊藩情》二書自始至終都沒有成爲話題之作，因此其後當日本社會開始流行馬克思主義時，人們只記得福澤諭吉有關近代日本的進路，即國家「權道主義」的思惟，而忽略了當福翁強調個人獨立自尊之際其背後唯物史觀的思考。

相對於德國哲學家馬克思的唯物史觀，別具形而上的學術特質，福澤諭吉的史觀明顯呈現實證、數理與寫實精神。在福翁過去的學習歷程中，漢學教育亦有其形而上的特質，包括四書五經、家訓、忠孝武勇，以及敬鬼神卻遠之的不崇信態度。其後他開始接觸西洋的自然科學、經濟學與倫理學。福澤諭吉更試以科學主義的精神應用在史學研究上，掌握歷史發展脈絡中因果究明之外的其他關鍵因素（小泉信三，一四一）。對福翁而言，過於抽象的推究僅流於架空之思辨，對現實生活於事無補，福澤諭吉不談欠缺實證研究的陰陽五行說，甚至直接批判漢學研究的不求甚解、不講證據（小泉信三a，二一）。

講究實用之學

福澤諭吉的史學研究意圖脫離過去傳統「天上雲霧之中」的層次，而是把人類歷史的發展從野蠻、半開、文明等人智的進步切入，並預測未來。前述《民情一新》與《舊藩情》二書雖不受日本社會太多的關注，但卻可謂是明治時期近代日本之於「唯物史觀」理論的表徵，有其不可抹滅的價值。福澤諭吉曾自詡自己是「鄙事多能」，依小泉信三教授的理解，福翁的學術研究多從生活「鄙事」著眼，展現出講究「實學精神」的特質。一八六七年（慶應三）福澤諭吉著手撰寫《西洋衣食住》，[4]他把過去自己對於

---

4 福澤諭吉・片山淳之助《西洋衣食住》（個人出版，藏於慶應義塾大學圖書館），一八六七年。

西洋相關之各種生產、製造流程等見聞新知，鉅細靡遺地記錄下來。

在福澤諭吉的認知中，「實學」就是科學（science），不同於傳統儒學主義的思辨與浮文，而是講究實證主義，其內涵包括有形的「數理學」與無形的「獨立心」，小泉信三教授則以明治精神比擬之（小泉信三a，一九）。日本文學家森鷗外在一篇〈論洋學之盛衰（洋学の盛衰を論ず）〉文中，強調近代日本因重視實學主義，才能超越清廷、朝鮮，在東亞世界中異軍突起，其原文如下。[5]

（實證）學風不見於清廷，一直以來無論大清或朝鮮多偏重心境而鄙視博物研究，如今在國際社會則陷入被動且令人憐憫之地位；我國（日本）因引進了西洋學術，值得慶賀地，如今才能立足於能動之地位（この学風はシナの無き所にして、シナ、朝鮮はその心を偏重し博物を卑しむ学を墨守せるをもっての故に、今の憐むべき所動の地位に立ち、我国はこの西洋学を輸入したるをもっての故に、今の賀すべき能動の地位に立てるなり）。

5 森鷗外．小泉浩一郎《鷗外論集》（講談社，東京）一九九〇年，三九。

人間平等論

福澤諭吉的實學精神亦有效展現在文字的表現上，一般認爲福翁的文筆相對平易明快而不矯情，或者是受到恩師緒方洪庵（一八一〇—一八六三）、蓮如上人（一四一五—一四九九）的影響，抑或是受到過去蘭學、英學之訓練所致，平易、自由、明確、嚴謹的特質，亦在門生之間形成一股學風。這樣的學風更帶動慶應義塾師弟、長幼之間平等主義的風氣。過去西洋社會的人權思想，引領福澤諭吉意圖掃除傳統門閥制度，甚至成爲「封建制度乃雙親之大敵（封建制度は親の敵で御座る）」一語道出之背後原委！[6]福翁在前述《學問之勸》刊頭主打「天不在人上造人、不在人下造人」，其實是有脈絡可循的。在平等主義的前提下，福澤諭吉所創設的慶應義塾，無視舊慣，摒除身分、階級、職業等社會偏見，招收不少舊時代「賤民」階層子弟，讓封建惡習下的被害者有受教育的機會（小泉信三a，二四）。

福澤諭吉的平等主義不僅適用於身分、階級、職業，同時亦適用於性別議題的婦女尊重上。一九〇〇年（明治三十二），福翁發表了《女大學評論・新女大學》，[7]批

---

6 福澤諭吉《福翁自傳》（時事新報社，東京），一八九九年，一〇。

7 福澤諭吉《女大學評論・新女大學》（林望監修版，講談社，東京），二〇〇一年。

判傳統「七去三從」的婦道論。[8]所謂的「七去」，乃是在家父長制下有效維護男性夫權的方法，女性倘若被視爲是忤逆父母、無子、淫僻、惡疾、忌妒、多口舌、竊盜等，丈夫便可假以名目休妻；而「三從」則是未嫁從父、出嫁從夫、夫死從子，女性的言動必須依循父命、夫旨、子意行事。早於一八七四年（明治七）時，在前述《學問之勸》〈八編〉中，福澤諭吉直接表達其對過去貝原益軒《女大學》的婦道準則，相當不予認同。尊重女性的態度，不僅福翁本人以身作則，成爲表率，旗下門生亦在耳濡目染下，不敢造次（小泉信三a，二六八）。在同〈八編〉中，福澤諭吉爲了批判男性以「不孝有三、無後爲大」而成爲蓄妾之藉口，甚至直接主張可以罔顧孔孟之教誨，蓄妾者乃淫夫、姦夫之徒，無異於罪人。[9]

《學問之勸》的時代意義

顯見福澤諭吉的思考議題及其大作《學問之勸》，即使到了二十一世紀的今天，

---

8 福澤諭吉《女大學評論・新女大學》（時事新報社，東京），一九〇〇年。

9 原文：天理に戻ることを唱る者は孟子にても孔子にても遠慮に及ばず、これを罪人と云て可なり（八編），參照前揭《學問之勸》，七九。

仍有其時代意義。該書全十七編的內容中，除了冒頭的一句「天不在人上造人、不在人下造人」，給人當頭棒喝的衝擊外，更不乏其他受人矚目的話語。例如，〈初編〉「愚民之上必有嚴苛的政府（愚民の上に苛き政府あり）」，即臺諺所謂的「嚴官府出猴賊」，相對地，良民之上則會出現擁有良知的政府；〈三編〉「欠缺獨立氣力者難以會為國家設想（独力の気力なきものは国を思ふこと深切ならず）」，自救不暇者如何對社會國家油生道義之氣；〈十編〉「學者切勿以小安而自滿：即使一邊搗米也可以做學問（学者小安に安ずる勿れ：学問は米を搗きながらも出来るものなり）」，學者從事經濟活動與為學之間並不相牴觸；〈十一編〉「以上下貴賤等名分行專制之權者多為偽君子（名分を以て偽君子を生ず）」，戳破名分論背後行一己之私的封建陋習；〈十三編〉「怨羨乃人性之大害（怨望の人間に害ある）」，怨恨與忌妒常引發人做出損人不利己之惡行；〈十五編〉「凡事貴能疑才能決斷取捨（事物を疑って取捨を断ずる事）」，為學貴能信疑取捨，避免陷入愚儒腐學之境；〈十七編〉「切勿厭惡人群（人にして人を毛嫌ひする勿れ）」，強調人脈交際的重要性等，皆令人印象深刻。

而《學問之勸》每編內容之所言，前後呼應，更是福澤諭吉畢生所依循不變之原則。不過該書所謂的「學問」，則是指實用、實證之「實學」，而非侷限於思辨、浮文的虛學。這應該是《學問之勸》之宗旨歷久彌堅，經得起時代考驗的主因。幕末時期，福澤諭吉編譯過《西洋事情》、《雷銃操法》、《窮理圖解》、《世界國盡》等，這些著作多侷限在新知介紹的層次，唯撰寫《學問之勸》時，福澤諭吉的思考則進入「掃除破壞」的境界，試圖批判過去的封建舊習。福澤諭吉之所以對傳統漢學抱持嚴厲批判的態度，在《福翁自傳》中福澤諭吉自述過去自己對儒學思想抱持負面的想法，並非出於一般洋學者或通譯對儒學的不認同，而是自己對儒學有一定的素養與認知所致（小泉信三a，三七）。[10]然而，福翁以猛烈的筆鋒攻擊漢儒的惑溺之餘，福澤諭吉在《學問之勸》〈十五編〉中針對醉心西洋文明的「開化先生」亦提出警語，強調對凡事應該抱持質疑，並懂得斷然取捨，切勿陷入輕疑誤信的盲點（小泉信三a，四〇）。

《學問之勸》十三編，福澤諭吉強調「味信的世界多僞詐，質疑的世界多眞理（信の世界に偽詐多く、疑の世界に真理多し）」，顯見福翁重視別具批判精神的實學研究。在《學問之勸》〈六編〉，福澤諭吉藉由「楠公權助論」，嚴正批評愚忠之不

---

10 《福翁自伝》（〈デジタルで読む福澤諭吉〉，慶応義塾大学メイディアセンターデジタルコレクション），三六七。原文：私は唯漢学が不信仰で、漢学に重きを置かぬ許りでない、一歩を進めて所謂腐儒の腐説を一掃して遺らうと若い時から心掛けました。ソコで尋常一様の洋学者や通詞など云ふやうな者が漢学者の事を悪く云ふのは普通の話で、余り毒にもならぬ。所が私は随分漢書を読で居る。読で居ながら知らない風をして毒々敷い事を言ふから憎まれずには居られない。網址：http://project.lib.keio.ac.jp/dg_kul/fukuzawa_text.php?ID=116&PAGE=367&KEY=（二〇一七年六月二十四日），二〇一四年四月六日。

智，結果輿情譁然、引發非議。最後福翁只得以「余豈好辯哉！余不得已也」的心情，以「慶應義塾五九樓仙萬」之名投書媒體，爲自己的思考邏輯辯護。一如前述，「楠公權助論」的內涵既是批判過去傳統封建時代武士的愚忠，如此大膽矯激、引發物議之言論又是如何通過明治政府的「檢閲」機制呢？在福澤諭吉寫給門生莊田平五郎的書信中，曾提及當時文部省的幾位常務課長多爲慶應義塾的畢業校友，例如負責出版許可業務的肥田昭作（一八四二—一九二一）、秋山恆太郎（一八三〇—？）等，這也是福翁敢試行出版的主因之一（小泉信三a，三九）。

其實，該編背後的意旨在於，「死」有輕如鴻毛，抑或是重於泰山，端賴爲「何」而死。福澤諭吉在談人權平等之餘，面對暴政時又應如何對處呢？福翁意圖強調「以暴制暴」絕非善策，因而以佐倉宗五郎的「捨身取義」爲例，以西洋的「殉教」之舉，迫使政府改變不合宜的施策。顯見在對外關係上被視之爲「權道主義」者的福澤諭吉，在國內議題上則主張透過「以德服人」迫使政府施政走向正途。顯見福澤諭吉在撰寫《學問之勸》十七編時，即使各編皆自成一格，但其背後的思考核心卻是一脈相承，福翁的思惟邏輯條理分明，一言蔽之，即一身獨立、一國獨立、天下太平。

福翁的文明觀

一如前述，福澤諭吉的價值觀，可謂是一種文明信奉者，在他的認知中即使以

「文明」干涉、甚至是懲罰「野蠻」，亦有其道理可言。而頑迷未開的清廷或朝鮮倘若遭致列強侵略，勢必會波及日本的獨立自主，爲避免東亞諸國的骨牌效應，前述的思惟則成爲日本干涉朝鮮內政背後的正當性。換言之，以一八八二年七月朝鮮的「壬午事變」爲例，[11]在福澤諭吉的認知中，日本的出兵不僅是奧援朝鮮政府，更意圖把象徵普世正義的「文明」涵化其中（松永昌三，一九〇一一九一）。[12]

福澤諭吉對於西洋文明的認知，源自於幕末時期三次的西航之旅，他把沿途的所見所聞、感想心得等一一記錄下來，而成爲其後撰寫《西洋事情》的基本資料。一八六〇年（萬延元）首次前往海外，目的地是美國，可謂是一趟充滿驚異之旅，而有〈美國夏

---

11 一八八二年（明治十五）在大院君的煽動下，朝鮮軍隊在漢城對閔妃政權與日本勢力進行大規模反亂，日本公使館遭受襲擊。最後，日朝簽訂濟物浦條約，朝鮮方面表示謝罪、金錢賠償，並同意日本公使館設置護衛兵。

12 參照〈朝鮮政略〉（《時事新報》，一八八二年八月二一四日）。原文：（略）乱民を制するは政府の責任なれども、力足らざるが故に我れより之を助るものなれば、日韓両政府の関係は之が為毫も変動せざるのみならず、益親睦の情誼を増し、之を小にしては両国の交際を固くし、之を大にしては地球の一隅に固陋頑冥の空気を払ひ、共に文明の幸福を与にすることなれば、苟も朝鮮に関係ある諸外国も、我今回の此盛挙を賛成せざる者はなかる可し。

威夷見聞報告書〉留下；翌年一八六一—一八六二（文久元—二），則西航歐洲大陸，完成〈西航記〉與〈西航手帳〉兩篇；一八六七年（慶應三）再度前往美國，留下〈慶應三年日記〉一篇。一八六〇年主要的停留地僅舊金山一處而已，雖然篇幅相對較短，但顯然對福翁而言，所有的一切都是耳目一新；其後的兩次海外之旅，都是前往歐洲，一次過境香港，另一次則過境新加坡，而這兩處皆為英國的殖民地，「文明 vs.野蠻」的經驗之於福澤諭吉而言，勢必有其深刻衝擊與感受。

根據〈西航記〉所載，福澤諭吉對於香港的體驗是「香港在地人的風俗卑陋，僅能接受英國人使役，亦可見到與英人同樣在該地開店買賣者，但多是來自上海、廣東的外地人，而非香港本地人」；[13]至於新加坡則是「新嘉坡雖然臣服於英國統治，但相較於清國人，在地人的勇悍與才力卻是無出其右」（松永昌三，一〇八）。[14]

福澤諭吉遍遊歐洲諸國，他看到了醫院、藥園、展覽場、天文臺、貧院、養啞

---

13 原文：香港の土人は風俗極て卑陋、全く英人に使役せらるるのみ、或は英人と共に店を開き商売するものあれども、此輩は多くは上海広東より来れるものにて、元と本港の土人にあらず。（美國密西根大學藏《福澤諭吉年鑑》第十六期，福澤諭吉協會，一九八九年，五五）

14 原文：新嘉坡も全く英国の政治に服従すと雖ども、土人の勇悍にして才力あるは支那人の右に出づ。（美國密西根大學藏《福澤諭吉年鑑》第十七期，福澤諭吉協會，一九九〇年，七四）

院、養盲院、養癲院、傳記器局（電信局）、刑務所、製鐵局、議事堂、軍事調練、貨幣局、學校、圖書館等。然而，福澤諭吉在〈西航記〉中著墨最多的莫過於巴黎、倫敦的醫院、養啞院、養盲院、養癲院等社會設施。何以文明社會需要對廢疾者等弱勢族群投注心力，這些救貧設施對於來自嚴苛「階級社會」的福澤諭吉而言，心中勢必受到相當程度的震撼。

其後，福澤諭吉受到巴克爾（Henry Thomas Buckle，一八二一－一八六二）《英國文明史》[15]與基佐（Francois Guizot，一七八七－一八七四）《歐洲文明史》[16]的影響，而以《文明論之概略》一書，闡述自己之於西洋文明的理解與心得，該書亦成爲福翁「文明觀」的表徵。原則上，福澤諭吉之於日本社會的文明開化，抱持著樂觀與期待的心情（松永昌三，一〇六、一一五－一一六）。然而，福翁並非全盤禮讚文明，福澤諭吉已注意到西歐文明侵略性的弊害。然而，爲求日本國的獨立發展，對於西洋文明的受容、近代化的推進，已是無可避免的。而福澤諭吉也理解今後西歐之於亞非地區的侵略與支配，文明成爲理性、良善、正義、進步、力量的化身，有其歷史的必然性。既是如此，爲了避免成爲歐美列強殖民統治的對象，日本別無選擇，只能走向文明開化，完成

15 *History of Civilization in England*, vol. 1, 1857, vol. 2, 1861.

16 *General History of Civilization in Europe*, translated by C. S. Henry.

國家獨立自主的目標，甚至進而追隨時代趨勢，在海外擁有殖民地，「富國強兵」成爲唯一的選項（松永昌三，一二一—一二三）。

福翁對外觀之形塑

衆所周知，明治日本在壬午事變契機下，國是方針從「內政整備」一舉轉換成「富國強兵」，不容置疑地，近代初期日本治國策略之轉變，應與其後一八九四年的甲午戰爭相連動（松永昌三，一八七）。壬午事變的消息傳回日本之後，福澤諭吉隨即在《時事新報》發表〈朝鮮の変事〉一篇。[17]其後，福翁針對此事，在《時事新報》上一連發表了〈朝鮮政略〉（一八八二年八月二—四）、〈朝鮮事件談判の結果〉（一八八二年九月四日）、〈朝鮮の償金五十万円〉（一八八二年九月八日）等三篇，針對事變發生的經緯與事變善後的處理等，發表高見。這些言論最後則與軍備擴張的思考連結在一起，而一篇關鍵的論說則是〈東洋の政略果して如何せん〉（一八八二年十二月七日—十二）。

根據岡山大學名譽教授松永昌三的研究《福沢諭吉と中江兆民》指出，在福澤諭

17 〈朝鮮の変事〉（《時事新報》，一八八二年七月三十一日號、同八月一日號）。

吉的認知中，西洋諸國的文明日新月異，而兵備更是日益精進，吞併之慾也難以有所滿足，如今東亞地區成爲西洋列強侵略的對象，爲了圍堵西洋的侵略行徑，日本則須負起首魁盟主之任，[18]而朝鮮與清廷的頑迷不化，恐會禍及日本，不能置之不理。日本憂心清廷的政經情勢，抑或是干涉朝鮮內政，並非好事，僅止於防範未然而已（松永昌三，一八九一—一九〇）。[19]換言之，在文明的大義名分下，福澤諭吉是認可武力干涉，依福翁的說法是，因憂心朝鮮內政的背後，乃寄望該國的文明開化，繼而以武力協助朝鮮的進步發展。[20]

因此，當壬午事變發生時，福澤諭吉便期待政府以強硬的臨戰態勢對處之，意圖以日本的軍事壓力，有效協助朝鮮成立親日政權，但可以預期地日清之間的衝突則是遲早的問題。然而，站在「理解」的立場觀之，福澤諭吉之於「文明」的認知，既是有力，

18　〈朝鮮の交際を論ず〉（《時事新報》一九八二年三月十一日），原文：首魁盟主に任ずる者は我日本なり。

19　前掲〈朝鮮の交際を論ず〉，原文：我日本国が支那の形勢を憂ひ又朝鮮の国事に干渉するは、敢て事を好むに非ず、日本自国の類焼を予防するもの。

20　前掲〈朝鮮の交際を論ず〉，原文：朝鮮の事を憂て其国の文明あらんことを冀望し、遂に武力を用ひても其進歩を助けん。

更是良善的存在。他把幕末日本的社會情境直接套用在朝鮮的內政議題上。福翁把朝鮮社會「斥和鎖國」的頑固黨（＝大院君）與幕末日本的攘夷派相比擬。「開國」是大勢所趨，而文明開化並與歐美交相媾和，則是日本獨立自尊的第一步，日本幕末攘夷派之所爲顯然成爲迫使日本走上滅亡之途，乃「保守頑迷」之行徑。

文明與野蠻的抉擇

在福澤諭吉的文明信仰下，以文明干涉野蠻，甚至以武力給予合宜的懲罰，是有意義的行爲。依福翁的邏輯，日本出兵朝鮮的意義，不僅是奧援朝鮮政府，更是發揚文明、正義的普世價值。他天眞地以爲協助朝鮮政府解決內政問題，不僅可以增進兩國邦誼，掃除固陋積習，更是對人類社會有所貢獻，共創幸福之舉。[21]然而，他卻忽略了日

21　〈朝鮮政略〉（《時事新報》一九八二年八月二—四日）、原文：乱民を制するは政府の責任なれども、力足らざるが故に我れより之を助るものなれば、日韓両政府の関係は之が為に毫も変動せざるのみならず、益親睦の情誼を増し、之を小にしては両国の交際を固くし、之を大にしては地球の一隅に固陋頑冥の空気を払ひ、共に文明の幸福を与にすることなれば、苟も朝鮮に関係ある諸外国も、我今回の此盛挙を賛成せざる者はなかる可し。

本之於朝鮮的「和戰文武」之舉，難道不會引發朝鮮民衆的戒愼恐懼嗎？即使日本的國力無法與歐美列強相提並論，然而福澤諭吉的「朝鮮政略」，以一言蔽之，就是「砲艦外交」（松永昌三，一九二）。

福澤諭吉在〈朝鮮政略〉中明白指出，和平談判的後盾經常是兵員船艦，日本的政略是文明改進之政略，日本的軍隊乃文明改進之軍隊，這樣的思惟也應發揚於世界萬國。[22]以故，福澤諭吉主張朝鮮政略，「兵力」乃第一要務，[23]而用兵時機一時片刻皆不宜有所延遲。在福翁的認知中，外交談判與兵力精良與否，互爲表裡。[24]

福澤諭吉在〈東洋の政略果して如何せん〉一文中，[25]探討今後日本之於朝鮮、之於清廷的政略應該如何，畢竟日本在東亞地區扮演文明先驅者角色，從此以後日本與朝鮮、清廷的交際往來，也應邁入新階段。首先，不讓東亞成爲西人酣睡之處，乃日本的

22　前揭〈朝鮮政略〉，原文：我政略は文明改進の政略にして其兵も亦文明改進の兵なりとの主義を、世界万国に発揚せんと欲する。

23　前揭〈朝鮮政略〉，原文：最第一の要は兵力に在ること。

24　〈朝鮮事件談判の結果〉（《時事新報》，一八八二年九月四日），原文：外交上の事件は寧ろ背後の兵力の精不精に由て成敗するもの多く。

25　〈東洋の政略果して如何せん〉（《時事新報》，一八八二年十二月七—十二日）。

責任，因爲朝鮮、清廷與日本之間對於文明開進，各有不同想法。不同於日本以和平主義爲目的，清廷對於文明開化相對消極。面對這樣的問題，福澤諭吉認爲日本僅有「退守策」或「進取策」等兩條路可走，但無論選擇哪一條路，當務之急則是即刻確立路線。

然而，依福翁之見，倘若抱持駝鳥心態而採行「退守策」，俄羅斯勢必伺機東侵，而其他列強則跟著蠢蠢欲動，朝鮮恐招不測，清廷亦跟隨蒙禍，當東洋地區因而引發變動之際，日本勢必難以事不關己地繼續十年生聚下去。換言之，採行「進取策」已成爲日本唯一無二的選擇（松永昌三，一九四一一九五）。而所謂「進取策」的具體內涵又是如何呢？簡言之，針對鄰國固陋者誘之以道；對質疑者交之以直，且先以文、次以武而對處之。爲防止清廷干涉朝鮮獨立，日本勢必介入其中，日本社會自然有「兵備」之需求。而「兵備」的前提，就是增稅。爲求國家的獨立自尊，增稅在所難免，因此必須教育民衆具備「國權」之自覺，理解「護國」之義務。

國權與民權之間

即使「護國」乃國民之應盡義務，倘若沒有開設國會，民衆欠缺參與國政之權理，政府又憑什麼可以向人民增稅呢？[26]福澤諭吉的矛盾是他把增稅與國會開設連動在一起。兵備擴張已是燃眉之際，然而國會開設的預定時辰則是一八九〇年（明治二十三），即還要八年日本才有可能進入兵備階段，屆時恐怕是緩不濟急。[27]由此顯見，福澤諭吉念茲在茲的問題是如何才能伸張「國權」，而「國權」背後則是來自「民權」的支持，《學問之勸》的內涵乍看之下，是以追求「民權」爲前提，但「民權」的終極目標卻是伸張「國權」。

一八八二年（明治十五）明治政府頒布〈軍人勅諭〉，[28]爲求國家的自主獨立，國權的維持乃成爲不可或缺之一環，從此近代日本開始走上「大國主義」路線。現實上，在壬午事變的契機下，從一八八二年乃至一九四五年爲止，「富國強兵」成爲近代日本的基本國是，明治政府的基本國策在有意無意間與福澤諭吉的思考契合。福澤諭吉的理

26 前揭〈東洋の政略果して如何せん〉，原文：国を護るの義務あれば又従て国政に参与するの権理あり、参政の権を得ざるの間は増税の沙汰は無用なり。

27 前揭〈東洋の政略果して如何せん〉，原文：軍備の拡張は焦眉の急にして一日猶予す可らず、之が為に民議を採らんことを望む者あるも一日に行はる可らず、国会の開設は八年の後に在り、軍備の事は八年を待つ可らず。

28 正式名稱乃〈陸海軍軍人に賜はりたる敕諭〉。

論乃從「文明 vs.野蠻」的觀點而主張，日本接受西洋文明，並承擔起把西洋文明普及於東洋的先驅者角色扮演；同時，在提升「文明」，以及掃蕩「野蠻」的大義名分下，日本與周邊國家的優劣差異，關鍵在於文明度之別。而軍事力則是文明推進與國家發展所不可或缺之要項。顯然福澤諭吉基本上是認同明治政府的方策與路線，以福翁之見，江戶幕府是固陋的存在，而明治政府則是文明的表徵（松永昌三，二〇〇九）。如此一來倘若在文明的大義名分下，以武力行使他國；抑或是爲了國權伸張，犧牲民權亦在所不惜，理論上福澤諭吉是抱持肯定立場，但最後亦可能像其後太平洋戰爭的結果一般，因軍權過度昂揚，導致國家幾近陷入國權喪失之悲運。

對於以「權道主義」爲依歸的福澤諭吉之言動，甚或是明治政府的大國主義路線，中江兆民則抱持迴然不同的看法。一八八七年（明治二十）中江兆民（一八四七－一九〇一）出版《三醉人經綸問答》，[29]試圖點出「富國強兵」的迷思與盲點。中江兆民在撰文中，透過「洋學紳士」、「豪傑壯士」與「南海先生」等三人的把酒交杯、鼎談議論，試找出近代日本的進路，有效闡述自己之於國家進路的理念。根據松永昌三之研究指出，[30]無論是洋學紳士、豪傑壯士或南海先生，各自代表近代日本的三種不同社

29 桑原武夫．島田虔次訳．校注《三醉人經綸問答》（岩波書店，東京），一九六五年。
30 松永昌三《中江兆民評傳》（岩波書店，東京），一九九三年。

群，而其共通的理念有三，首先是在現狀認識上，日本之於歐美先進國家而言，乃文明開化的後進國；其二是，日本當時所面臨的政治階段是君相專擅制；其三則是，日本必須文明開化，然而透過立憲君主制或民主制而力求改革，並非易事（田中彰，八三）。

在《三醉人經綸問答》的人物設定中，洋學紳士的主張是無軍備、無抵抗的小國主義者，在他的認知中小國寡民者唯以「道義」才能與萬國對峙，別無他法。現實上，這種思惟即中江兆民之輩的思考主幹（田中彰，八四—八六）。豪傑壯士對於洋學紳士的這種非武裝且無抵抗主義的作法，非常不以爲然，一旦受到不義之國襲擊時，應該不惜以舉國焦土應戰，亦不能輕言投降。基本上，豪傑壯士的言論反映的是明治政府的政略思考，把國際關係與軍事力連動，試走大國主義路線，而這種思惟亦被福澤諭吉所受容。換言之，在中江兆民的認知裡，豪傑壯士乃福澤諭吉的化身（田中彰，八七—八八）。

在南海先生的眼中，洋學紳士乃理想主義者，而豪傑壯士則是現實主義者（田中彰，九一）。然而，南海先生的立場又是如何？南海先生可謂是近代日本民權派人士的化身，他關心近代日本的「民權」，到底是「回復的民權」抑或是「恩賜的民權」，若從「回復的民權」看問題，顯然就是小國主義的一體兩面。而滿腦子理想主義的洋學紳士面對外力威脅時，只能坐以待斃，別無他法；而國權主義傾向的豪傑壯士之思惟，又可能引發鄰近國家的怨恨，南海先生是否有更高明的作爲呢？南海先生的結論被視之爲妥協型的現實主義，他主張外交方針應以和平友好爲原則，在不傷國威的前提下，既不恫以高壓，亦不會祭出武力。[31]換言之，南海先生的結論依舊屬於小國主義論的範疇，顯然了無新意。三醉人經綸問答的最後，洋學紳士前往美國，繼續追求理想；豪傑壯士則看清國際社會的現實，而到大清的上海尋找機會；至於南海先生則繼續困坐日本國內，只能終日飲酒，虛度歲月。一般亦認爲即使中江兆民難以對福澤諭吉的思考產生認同，然而到底日本的進路應朝往哪個方向發展，顯然自己亦感到莫衷一是（田中彰，一九九五）。

31 原文：外交の方針としては、平和友好を原則として、国威を傷つけられないかぎり、高圧的に出たり、武力を振るったりすることをせず。

二 福澤諭吉的思想進程

近代初期日本的歷史發展脈絡有幾個分水嶺，影響明治時期社會菁英之於國家進路的思考，一是一八七三年岩倉美歐使節團所獲得的「文明」印象；接著，一八八二年，則是與「明治十四年的政變」連動的「恩賜之民權」；最後，一八九五年「清日甲午戰爭」的爆發，「文明 vs. 野蠻」的對決。這三件大事，同時期的明治人或多或少都受到衝擊，福澤諭吉亦不例外。因此，有效解讀福澤諭吉思考的前提，就必須對明治日本的這三大事件有所理解。

《美歐回覽實記》的啓示

明治政府成立後不久，爲了有效解決幕末以來的不平等條約問題，一八七一年（明治四）在右大臣岩倉具視領軍下，組成「岩倉使節團」前往歐美進行交涉與考察，時間長達一年九個月（一八七一年十二月二十三日—一八七三年九月十三日）。針對這項國家層級的派遣計畫，當時擔任參議兼外國官副知事的大隈重信，則支持政府從

「Brief Sketch」的觀點切入，讓政府要員前往海外，透過親身體驗以了解西洋文明的內涵與眞諦。「Brief Sketch」的思考源流出自於荷裔美籍宣教士Guido Herman Fridolin Verbeck（一八三〇—一八九八）的建言，目的是對近代日本之進路與方向，可保有一定程度的彈性空間。

事實上，明治政府成立之後，政府內部大員之間同床異夢，朝野之於政策的認知更是難以同調。然而，鑒於一八七二年（明治五）七月一日條約改正協議的期限迫在眉睫，即使國內情勢混亂、負債問題嚴重，但「岩倉使節團」一行還是得照表操課，於一八七一年歲暮組團出發。畢竟建構一個統合的國家而與「萬國對峙」，乃現階段最是至上且緊要的課題，而這也是朝野之間唯一的共識。「岩倉使節團」出行的目標有三，一是捧呈國書送交條約締盟國；其二則是爲求條約改正之事前交涉；其三是考察西方近代國家之文物與制度，即所謂的「西洋文明」。而事實顯示，「岩倉使節團」出使目的，最是重要的「爲求條約改正之事前交涉」，一開始便吃了列強的閉門羹，可謂是有負使命。然而，實際目睹所謂的西洋文明著實讓使節團成員備受震撼。近年日本學界之於「岩倉使節團」的研究，多著眼於「考察西方近代國家之文物與制度」的面向（田中彰，一四一—一五）。

「岩倉使節團」的成員共四十六名，年齡層介於二十至四十歲前後的中生代，除了中階官僚之外，多爲舊長州藩、薩摩藩出身的高階官員。這些青年官僚踏在幕末維新志士的肩膀上，大膽遙望未知的「文明」社會，亦顯示明治國家急於脫離傳統社會，意圖走向文明開化的發展目標（田中彰，一六－一九）。一八七三年（明治六）九月十三日「岩倉使節團」歸國後的翌日（十四），特命全權大使岩倉具視前往正院復命，相關報告書則由權少外史久米邦武（一八三九－一九三一）編修，一八七八年（明治十一）以《特命全權大使米歐回覽實記》爲題，全百卷、分五編五冊出刊，四刷增印之外，另有普及版三千五百套發賣。而之所以特意把報告書內容整理出版，乃前述荷裔美籍宣教士**Guido Herman Fridolin Verbeck**的提案，即「岩倉使節團」世界回覽的所見所聞，也應讓國民大衆理解，這會成爲建立官民之間信賴關係之確證，民衆亦因此而願意衷心奉戴政府（田中彰，二二一－二二三）。[32]

一如前述，福澤諭吉已於幕末西航三次，並把所見所聞記錄成《西洋事情》一書出版。福翁面對明治初期「廢藩置縣」所引發內政混亂的困境，乃透過《分權論》、《通俗民權論》、《通俗國權論》與《民間經濟錄》等著作，意圖啓蒙社會大衆「官民調和」的概念，同時以「文明」理解者之姿，透過翻譯西洋道德書《童蒙教草》，而對歐美社會的「自由主義」以「自由在不自由之中」定義之，[33]一語道破自由民權的矛盾

32 相關資料收錄於《木戸孝允關係文書》〈一米人フルベ・キより内々差出候書〉。

33 參自福澤諭吉譯《童蒙教草》（收錄於《福澤諭吉著作集 第二卷》，慶應義塾大學出版會，東京），二〇〇二年，四一二。原本乃一八七二年（明治五）出刊。

面向。針對自由主義的隱憂，在《特命全權大使米歐回覽實記》的撰述中，「岩倉使節團」成員也看到了。使節團在考察美國白宮與國會時，也對共和制的自由之弊提出質疑，雖然自由、平等之風令人欽羨，但上下欠缺檢束，風俗自是不良。[34]而這也是明治政府必須爭取先機，創出近代日本天皇制，以有效打擊士族民權人士所主張的「自由」與「民權」之主因（田中彰，二九）。

當使節團在英國巧遇瓦斯公司的勞資衝突，因勞方罷工而引發倫敦街頭瓦斯燈無法明亮的窘境，「岩倉使節團」成員親身體驗了資本主義的矛盾面向，而對社會底層的勞動階級衍生一股愚民觀，視社會下層階級乃毫無遠慮之一群，而這又與日本社會傳統的階級意識吻合，[35]亦成為一八七二年（明治五）福澤諭吉藉由撰寫《學問之勸》一書，急切想要解決的議題之一，而東亞國際政治的消長則成為見證「文明 vs.野蠻」的實驗場。

34 原文：上下検束を欠くにより、風俗自ら不良なり。參自泉三郎《堂々たる日本人：知られざる岩倉使節団：この国のかたちと針路を決めた男たち》（祥傳社，東京），一九九六，一三七。

35 原文：各国を歴遊して、職工の情態をみるに、多くは椎魯愚昧にて、貧屡不潔に安んじ、快を目前にとり、永遠の慮なし、是下等社会の通態なり。參自田中彰《岩倉使節団の歴史的研究》（岩波書店，東京），二〇〇二年，二〇三。

福澤諭吉是在漢學教育薰陶下成長的，直至二十歲以後才相繼學習蘭學與英學。自此以後，福翁開始批判傳統儒家的封建性，並認為近代日本應以西洋文明為依歸。一如前述，在其《文明論之概略》中，福澤諭吉把文明的進程分為野蠻、半開與文明等三階段。在福澤諭吉的認知中，文明的內涵除了外形的事物之外，更涵化了精神層次的無形之物，即社會的「氣風」，所謂的「氣風」就是國家社會整體的「智德」。相較於野蠻未開的國家，已文明開化的國家伴隨文明化程度的不同，生計需求自是不同，為防範未然，欠缺的部分自然會試從未開國之地補足，導致貧者愈貧；相對的，文明國之間爭相競奪資源，戰爭則成為常態，國際外交更竭盡權謀術數之能事（松永昌三，一三三—一三四）。過去幾次西航的經驗，讓福澤諭吉見識到歐美列強之於亞非人士的蔑視與暴行，為了日本國的獨立自尊，在文明的大義名分下，福澤諭吉認可對他國行使武力之作為，亦促使福翁成為權道主義的代言人。

「明治十四年政變」的衝擊

事實上，福澤諭吉因明治政府高層而吃下暗虧，「明治十四年政變」並非是首次，卻是讓他感覺心灰意冷的一次。早在一八七九年（明治十一），福澤諭吉所創立的「慶應義塾」因前一年「西南戰爭」的拖累，[36]財政發生問題。無奈之際，福翁以四十萬日圓向政府請求融資，相關文書送交政府各部會，但竟遭工部卿井上馨（一八三六—一九一五）的嚴正駁斥，而讓福澤諭吉訝異不已。當時明治政府對岩崎彌三郎（一九一四—一九八二）的「三菱商船學校」給予經費補助，或對「伊勢勝軍靴製造」予以融資，但卻拒絕「慶應義塾」的融資請求，福澤諭吉乃以「海上的船士與陸上的學士本無輕重之別（海の船士と陸の学士と固より軽重あるべからず）」、「製鞋與培育學士到底是孰輕孰重（靴を造ると学士を造ると何れか軽重あるべき云々）」！而向井上馨、伊藤博文（時任內務大臣，一八四一—一九〇九）等人提出嚴正抗議（小泉信三，一七六）。[37]

福翁乃爲此而感嘆，「表面上只是爲天下教育之事而嘆息，但其實更顯示伊藤博文、井上馨二卿之愚痴（公に云へば天下教育の為に之を嘆息し、私に云へば二卿に対して愚痴を鳴らさざるを得ざるなり）」（小泉信三，一七六）。換言之，政府之於高

36 西南戰爭發生於一八七七年（明治十），為期約半年。事件爆發之主因起於西鄉隆盛對明治政府維新政策之不滿，乃領導故鄉子弟武力反亂，表達舊士族的不滿。

37 參照慶應義塾大學「慶應義塾豆百科」網頁No.39〈慶應義塾維持法案〉，網址：https://www.keio.ac.jp/ja/about/history/encyclopedia/39.html（二〇一七年六月二十九日引）。

等教育的官尊民卑，促使福澤諭吉與當時明治政府之間已有了心結，即使一八七一年（明治四）明治政府「廢藩置縣」的政策，[38]讓福翁心情愉悅。

明治十年代（一八七七－一八八六）乃近代日本社會從士族民權，逐步走向豪農民權的年代。原本僅是那些無法進入政府權力中心的舊士族藉著「自由民權」之名，意圖對明治政府的有司專制展開體制內抗爭的一場社會運動，但由於明治政府對於近代國家的認知亦是懵懵懂懂，一路走來顯得跌跌撞撞，最後更引發豪農民權與農民民權的發生。

一八八一年（明治十四），明治政府利用「北海道開拓使官有物的釋出事件」，借力使力，在社會輿論壓力下同意擬於一八九〇年開設國會，但亦迫使豪農民權的運動領袖，即參議大隈重信（一八三八－一九二二）遭致罷免，進而迫使明治政府內部非藩閥派的河野敏鎌（農商務卿，一八四四－一八九五）、前島密（驛遞總監，一八三五－一九一九）、矢野文雄（統計院幹事兼太政官大書記官，一八五一－一九三一）、犬養毅（統計院權少書記官，一八五五－一九三二）、尾崎行雄（同前，一八五八－

38　一八七一年（明治四）的「廢藩置縣」即明治政府意圖建構一個統合的近代國家，而修訂傳統的封建行政體系，下令停止過去地方諸藩之運作，改由中央政府管下的「府」、「縣」政廳對地方進行一元化統治。

一九五四）、小野梓（一等檢查官，一八五二—一八八六）等人連帶下野、辭任。而這群自由民權運動者當中，更不乏福澤諭吉的門生，如矢野文雄、犬養毅、尾崎行雄等，因此「明治十四年政變」的發生亦導致福翁連帶受到拖累。

一如前述，政變的關鍵契機在於「北海道開拓使官有物的釋出事件」，當時開拓使長官黑田清隆（舊薩摩藩）因經營不善，而試把已經營十年、價値一千四百萬日圓的政府官有物資產釋出，對象是舊薩摩的政商五代友厚（一八三六—一八八五）與舊幕臣中野梧一（一八四二—一八八三）合資的「關西貿易商會」，而得標價竟是三十年分期、總價三十八萬日圓的超低價格，顯然有圖利同鄉之嫌。意外的是在事發之前，釋出計畫在民間早已是謠言滿天，輿論譁然，對於困擾政府許久的民權運動更是火上加油。由於參議大隈重信（舊肥前藩）對於該釋出案曾表達嚴正反對立場，因此明治政府懷疑是大隈參議主動把消息洩漏給媒體，而大隈重信的背後則是自由民權派人士。為了息事寧人，明治政府乃主動中止北海道官有物的釋出。接著，則罷免大隈重信的參議頭銜。

乍看之下，「北海道開拓使官有物的釋出事件」乃一獨立事件，但何以會與「明治十四年政變」連動呢？早在一八七九年（明治十二）年尾，直至翌年，伊藤博文、井上馨（皆爲舊長州藩）等諸位參議，提出「憲法意見書」，而其版本偏向德國的君主立憲制；而參議大隈重信的版本則傾向英國的政黨內閣制，其內文是由福澤諭吉的門生矢野文雄（一八五一—一九三一）執筆，顯見明治政府內部呈派閥對立狀。明治政府藉由「北海道開拓使官有物的釋出事件」伺機把大隈重信等一行排除出去，藩閥派的伊藤博文便可順理成章地成為憲法制定的負責人，而明治政府亦轉型成藩閥政府（田中彰，五七—五八）。

一如前述，「明治十四年政變」引發明治政府內部慶應義塾校友亦遭受波及，而這個政治風波據聞也一度危及福澤諭吉本人。其後，福澤諭吉則以〈明治辛巳紀事〉一篇，以及給政府高官井上馨與伊藤博文之六千數百字書簡一封，表明立場，而為此事留下歷史見證（小泉信三，一六六—一六七）。這個政變的發生除了反映維新以來，舊士族對藩閥政府的有司專制心存不滿，顯現士族民權運動的精神領袖大隈重信與政府內部的舊薩長勢力者同床異夢之外，根據小泉信三教授之研究指稱，受到流言波及者，民間人士除了福澤諭吉之外，還有三菱商會的岩崎彌太郎（一八三五—一八八五）等亦無法置身事外。因為除了五代友厚的關西貿易覬覦「北海道開拓使官有物的釋出」之外，岩崎彌太郎的三菱商會亦曾向政府提出申請，卻遭拒絕，而大隈重信與岩崎彌太郎交往密切，導致明治政府的核心官僚認為「北海道開拓使官有物的釋出事件」本身，乃大隈重信、福澤諭吉與岩崎彌太郎共犯結構下的一樁陰謀（小泉信三，一六九）。

「明治十四年政變」促使福澤諭吉深刻理解到維新以來，明治政府的有司專制難以平息眾議，唯「國會開設」，內政議題的解決才能求得圓滿；另一方面，福澤諭吉也於翌年（明治十五）三月創刊《時事新報》，而成為明治時期信用聲望最高的平面媒體。福澤諭吉畢生之於社會國家的理念，唯「內安外競」，但受累於「明治十四年政變」，他不僅為政治人物的不信與非義感到忿忿不平，也一改過去的態度，不再信任政府當局者，連帶地慶應義塾與政府的關係亦變得疏離（小泉信三，一七五）。

清日甲午戰爭：見證文明開化的成果

一八八九年（明治二十二）二月二十一日，《大日本帝國憲法》發布，全文共七十六條，乃是主權在天皇的一部「欽定憲法」，強化天皇的絕對性與神聖性。由於是以普魯士憲法爲藍本所增補修訂的，因此《明治憲法》亦可謂是亞洲版的普魯士憲法。翌年（一八九〇），明治政府另頒布「教育勅語」，作爲國民教育的終極目標。明治憲法體制的兩大支柱，一是法體系的「大日本帝國憲法」，另一則是意識形態的「教育勅語」，在此二者的合流下，天皇背後的國體主義與立憲主義二者相互涵化，而成爲統合國民思想之基礎。一八九〇年（明治二十三）帝國議會首次開議，掌握國家機器的明治政府具有相對的壓倒性優勢，而首相山縣有朋則以超然主義之立場開議，完全無視於政黨的存在。

一八九〇年十二月六日，在首次帝國議會開議中，山縣有朋首相進行「施政方針演說」，強調國家獨立自衛之道有二，第一是守護「主權線」；第二則是保護「利益線」。所謂主權線即國境線，而利益線則是指危及主權線的緊密區域。事實上，早在同三月期間，山縣有朋便提出過〈外交政略論〉，[39]並把日本的利益線明確定位在朝鮮；而一八九三年（明治二十六）十月山縣又提出〈軍備意見書〉，[40]與萬國對峙乃明治國家追求獨立的終極目標，因此必須講求富國強兵之道，進而爲一八九四—一八九五年（明治二十七—二十八）的清日甲午戰爭埋下伏筆（田中彰，九九—一〇〇）。

衆所周知，清日甲午戰爭的結果日本戰勝，雖付出兩億日圓戰費的代價，但獲得三億一千萬日圓的償金（約兩億海關兩），又因三國干涉還遼的問題，一八九五年四月二十三日以償金四千五百萬日圓（約三千萬海關兩）被迫歸還遼東半島。清日甲午戰爭的獲勝，除了取代清廷而讓朝鮮納入日本的勢力範圍下，而如何運用三億六千萬日圓償金的戰後經營更成爲近代日本最大的經濟課題。日清戰役的獲勝不僅確立明治天皇制的存立議題，也沖銷了長久以來自由民權派人士所結集的民黨對政府的質疑與批判（田中彰，一〇一—一〇二），更是福澤諭吉言論之見證，奠定福翁成爲先覺者的關鍵。

一八九四年（明治二十七）七月二十五日，當日、清兩國在朝鮮豐島海域開啓戰

---

39 山縣有朋〈外交政略論〉（收錄於日本近代思想大系《對外觀》，岩波書店，東京），一九八八年，八一—八六。

40 山縣有朋〈軍備意見書〉（收錄於明日百年叢刊《山縣有朋意見書》，原書房，東京），一九六六年，四三—四六。

端，直至翌年（明治二十八）四月十七日完成講和條約之締結爲止，福澤諭吉透過《時事新報》試以果敢、積極的言論成爲政府的後援，而之所以如此，則與過去福翁之於「國權伸張」、「內安外競」的理念緊密相結（小泉信三，一八〇）。

根據小泉信三教授之研究，福澤諭吉開始關心朝鮮半島的問題始於一八八一年（明治十四），該年六月從朝鮮半島來了留學生兩名，俞吉濬（一八五六－一九一四）與柳定秀（一八五七－一九三八），留在慶應義塾學習，他們也是朝鮮史上最早前往海外留學的學生。[41]翌年（明治十五），朝鮮改革派要人金玉均（一八五一－一八九四）亦來日，而與福澤諭吉相識，金玉均與同志朴泳孝（一八六一－一九三九）等人受到福翁許多的關照，顯然這與早期福澤諭吉認爲日本的軍備充實、國權伸張之終極目的是保護東洋諸國不受西方列強壓迫的理念相結。一八八四年（明治十七）因朝鮮的「甲申事變」導致金玉均、朴泳孝等人亡命日本之際，即受到福澤諭吉的保護，藏於東京三田福翁的宅邸；一八九四年（明治二十七）金玉均在上海遭人誘殺身亡，死於非命，福翁更是感覺不憫，而特請高僧爲他擇一法名、做個牌位，供奉於家中的佛壇憑弔（小泉信三，一八一）。

事實上，一八八二年（明治十五）壬午事變，以及一八八四年（明治十七）甲申事

41 參照「慶應義塾豆百科」網頁No.41〈留学生受け入れのはじめ〉。

變的發生，除了讓福澤諭吉清楚了解朝鮮王國內部的問題之外，更讓福翁體認到為求朝鮮的獨立自尊，排除大清之於朝鮮的宗主權，將來勢必會引發日、清兩國之間的衝突。無獨有偶地，明治政府當局勢必也有一樣的想法。因此，一八八四年當清、法兩國為了安南宗主權問題開戰時，明治政府趁勢想藉由獨立黨的接應，試一舉排除清廷之於朝鮮的宗主權，進而引發日、清之間的衝突，最後則以日清天津條約之簽訂而落幕。一如前述，一八八四年十二月十五日《時事新報》以一篇題為〈朝鮮事變〉之評論開始，直至翌年四月二十二日天津條約締結為止，馬不停蹄地連日刊載朝鮮議題的相關社論（小泉信三，一八五一一八六）。

換言之，一改過去濟弱扶傾思惟，一八八〇年代中期以後的福澤諭吉，在對清、對朝關係上改走強硬、果斷路線。而一八九五年清日甲午戰爭的結果，讓他不禁以「官民一致的勝利，只能以愉快、感謝形容」！[42]畢竟對福澤諭吉而言，清日甲午戰爭是一場爭取「國權」的戰爭，更是文野之間的優劣對決。[43]然而，不容諱言地，福澤諭吉對

42　原文：官民一致の勝利、愉快ともありがたいとも云うようがない。參照《福翁自傳》（收錄《福澤全集》，時事新報社，一八九七年，一六七）。

43　《時事新報》一八九四年七月二十九日社論〈日清の戦争は文野の戦争なり〉。參照《福澤諭吉年鑑》第三十二期，福澤諭吉協會，二〇〇五年，一〇四。

於清日甲午戰後的日本社會，充斥一股好戰熱潮，以及輕薄且無責任的急進論，倍感憂心（小泉信三，一九五）。一八九七年（明治三十），一封福澤諭吉寫給門生日原昌造（一八五三—一九〇四）的書簡中，以一句「近年來國人漫無忌憚地熱衷外戰，著實令人感覺困擾」，透露他深藏內心的隱憂。[44]

44 原文：近くは国人が漫に外戦に熱して始末に困ることあるべし（明治三十年八月六日），參照加州大學藏《福沢諭吉書簡集》第八卷，岩波書店，二〇〇八年，四一八。

結語　獨立自尊

在福澤諭吉幾近等身高的著作中，又以《學問之勸》最為歷久彌堅，無論是明治時期的初版之際、戰後開始走向高度經濟成長的一九五〇年代，抑或是在日本社會「消失的二十年」的二十一世紀現在，都是一本可以激勵人心的重要作品。而為學的目的與意義為何？學問眞能為自己帶來基本尊嚴嗎？學問可以兼顧有趣與有用嗎？怎麼樣的學問才是有用的學問？這是古今中外不少學子心中的疑惑，然而福澤諭吉已從中找出答案，也讓自己的人生充滿熱情與意義，而《學問之勸》乃福翁秘訣之披露，也是年輕人迷思的處方箋。

一如前述，《學問之勸》是由十七編小冊所彙集完成的作品，從下筆撰寫到全數完稿，前後歷經了四年（一八七二年二月－一八七六年十一月），更被福澤諭吉自我評價為「古今之一大盛事」！最初執筆的動機不過只是向同鄉舊友抒發抱負之作罷了，在友人的鼓勵下才進而公表於世。而〈初編〉意外賣座，受到社會廣泛回響，繼而才有〈二編〉等續篇的撰寫，甚至成為當代不朽之巨著。雖為無心插柳之作，但首尾連貫十七篇的核心宗旨，包括個人人格的平等與尊重、講究實證而不畏忌憚的科學精神，國民與國家連動的國家意識等，在在都是福澤諭吉生涯不變的基本理念。

福澤諭吉主張實證明辨的「實學」，而難以苟同習於浮文之漢學（小泉信三，一八七一－八八八）。眾所周知，福澤諭吉反舊漢學的思惟，經常受到傳統漢學者的排擠、戲弄與嘲罵。其中，引發輿論嚴峻非議的莫過於《學問之勸》〈六編〉與〈七編〉中，福翁藉由「楠公權助論」，批判傳統武士道講究唯美的愚忠行徑，並讚賞佐倉宗五郎以德服人的犧牲小我，來強調不爲暴政所屈之「殉教（martyrdom）」精神。然而，福澤諭吉的主張不僅受到輿論撻伐，也讓自己陷入了險境，因而他改以「慶應義塾五九樓仙萬」之名，投稿《朝野新聞》（明治七年十一月七日）爲自己的主張辯駁。福澤諭吉以「警示者」自居，道之所在，「雖千萬人，吾往矣」，即使得罪舊漢學者所尊崇的儒學思惟，亦在所不惜，顯見福澤諭吉也算是落實孔子所謂的「大勇」精神！他試著想一掃舊漢學的愚儒腐說，這個念頭從未改變。[1]換言之，爲了掃除日本的傳統思惟與舊制度，而有《學問之勸》一書付梓。

即使福澤諭吉主張爲學首重具批判性的實學精神，但他也針對那些一味醉心於西洋文明、凡事禮讚而欠缺判斷能力的「開化先生」，提醒這些洋學紳士君應具備質疑與取捨的能力。在《學問之勸》〈十五編〉撰文中，福澤諭吉透過「輕信」、「輕疑」之解析，繼而提出「事物を疑って取捨を断ずる事」之教示，然而，一般認爲這是福翁受到英國人亨利・巴克爾（Henry Thomas Buckle，一八二一—一八六二）《英國文明史》思惟的影響所致（小泉信三，九五）。

福澤諭吉的撰寫手法長於饒辯，口若懸河的特質在《學問之勸》中發揮得淋漓盡

1　原文：右のとおり私はただ漢学が不信仰で、漢学に重きを置かぬばかりでない、一歩を進めていわゆる腐儒の腐説を一掃してやろうと若いときから心がけました（《福翁自伝》，一九二一—一九二二）。

致，除了勁拔大膽的思考方式讓當時的日本社會震撼、覺醒之外，用詞遣字的亢奮情緒更令人感到熱血澎湃，這種寫作手法及其內容，可謂是前無古人、後無來者，繼而開創出「古来希有の發兌」部數。

國民的品格：判斷力與行動力

福澤諭吉生於江戶時期的一八三五年，成長過程中歷經了幕末動亂期，開國、攘夷的爭議，來自歐美列強外交、軍事的壓力，幕府權威的動搖，以及倒幕、佐幕的角力運作過程，年少時期的福澤諭吉必須為未來的自我定位找尋方向。此一期間，他有幸能以民間人之姿，三次前往歐美訪察，並順應時代潮流從蘭學研究轉向英學研究，試著開啓獨立自尊的人生。基本上，在明治維新以前，福澤諭吉的人格與思想已然成形，亦有穩定的職業與相關的社會地位（松永昌三，四）。

福澤諭吉臨死之前，完成自己的生涯回顧《福翁自傳》，該書內容不僅是福澤諭吉一生言行思考的反省，更是檢視明治日本的重要史料。對研究者而言，最重要的是從該書的敘事內容中，理應可以間接看出福澤諭吉之於明治日本眞正的想法。然而，歷經兩個時代的《福翁自傳》，維新以前福澤諭吉可以自由豁達地講述自己當時的夢想與經驗；但針對維新以後的部分，則相對沉默與內斂，但基本上仍抱持正面態度。對福澤諭吉而言，其畢生所追求的目標就是日本的國家獨立，以及國民大眾皆能獨立自主地生活，爲此他引進西洋文明，促進日本社會的近代化。慶應義塾的經營是福澤諭吉落實夢想的手段之一，而眼見清日甲午戰爭的獲勝，更是對福澤諭吉之於文明開化的肯定（松永昌三，五—七）。換言之，福澤諭吉在明治日本的進程中，找到一條成就自我的活路。

福澤諭吉身處幕末混亂的時代，即使對未來充滿著各種不安，但仍抱持正面的態度，並刻意避開可能造成挫折、沮喪的各種負面字眼與想像（松永昌三，一二）。根據日本女子大學教授松永昌三之研究指出，基本上福澤諭吉是從肯定現狀的前提下，強調自己生涯所努力的一切不外乎提升全國民眾的氣質，以無愧於眞正的文明之名（松永昌三，一一）。[2]然而，福澤諭吉眞的對明治日本的實況感到滿足嗎？一八七七年（明治十）日本社會爆發「西南戰爭」，在事件結束後不久，福澤諭吉執筆撰寫〈明治十年丁丑公論〉，對西鄉隆盛反政府之暴舉提出評論；一八九一年（明治二十四）福翁又撰寫〈瘠我慢の說〉，感嘆維新以後社會士風闕如。換言之，福澤諭吉的心底層面對於明治日本，並非全盤肯定，透過他對「抵抗精神」與「逞能主義」之相關論述，以及兩者之間一定程度的共通性，顯見福澤諭吉對於政治性言論多半是考慮再三，儘可能地避開對

---

2 《福翁自伝》原文：私の生涯の中に出来して見たいと思ふ所は、全国男女の気品を次第々々に高尚に導いて真実文明の名に愧かしくないやうにする事と（略）。

明治社會的直接批判（松永昌三，一四）。而在這之間，《學問之勸》與《文明論之概略》則可謂是福澤諭吉個人思想的骨幹，以一言蔽之，就是「不要盲從」！然而，一如前述，相較於《學問之勸》是當時的暢銷大作，《文明論之概略》則意外地乏人問津（松永昌三，二四）。

而福澤諭吉透過《學問之勸》，到底傳達出什麼樣的訊息呢？依明治大學教授齋藤孝的說法，莫過於「判斷力」與「行動力」。在《學問之勸》〈十六編 守護眼前的獨立〉敘事中，福澤諭吉提醒年輕學子所謂「判斷力」與「行動力」二者並存的重要性，以一言蔽之，即中國明代王守仁「心學」中的「知行合一」。一般而言，當知識分子目睹一個社會現象，基本上先有「判斷力」，繼而才有「行動力」。而「判斷力」的前提莫過於學問、知識之有無。國民整體是否具備一個文明社會基本的「判斷力」與「行動力」，與國家能否「獨立自尊」緊密相結。國民具備足夠的「判斷力」與「行動力」，自然不盲從、趨炎附勢，並以個人的獨立自尊爲自己的生涯定位。每位獨立自尊的國民所結構的國家，自然不會因威勢強權所屈，這乃是《學問之勸》的核心宗旨。

然而，人的時間、精力有限，因此在學習或夢想的過程中，應有其相對的「優先順位」，而此一部分的論述，則見於《學問之勸》〈十四編 心念的盤點與決算〉，重點是模仿商店的庫存盤點，人也要對自己的言動隨時自省，以避開陷入「知行不一」的盲點中。

綜觀福翁

一九八四年（昭和五十九）十一月，福澤諭吉被選爲日幣一萬元紙幣上的肖像人物，而成爲日本社會的國民偉人，理由林林總總。一如前述，在《學問之勸》〈初編〉中，福澤諭吉以「天不在人上造人，亦不在人下造人」批判封建體制下的身分制度，而被認爲是主倡人間平等的天賦人權論者，更成爲近代日本社會的民主主義者；而他又主張國民皆學，全國民衆皆學好西洋近代科學等實用之學，不僅能獨善其身，更可以兼善天下，即「一身獨立、一國獨立」，明治日本才能擺脫不平等條約的魔咒，走向獨立自尊之道（廣田昌希，二三二）。然而，依筆者淺見，能成爲紙幣肖像人物的理由，與福翁曾於明治十年代，相繼撰寫兩篇《通貨論》，不無關聯。一是一八七八年（明治十一）單行本《通貨論》，當時眼見民衆對政府的「不換紙幣」抱持深切疑慮，福澤諭吉則支持政府力行紙幣之發行，並強調舉凡文明開化地區不乏以紙幣作爲交易手段；[3]另一則

---

3 原文：苟も人文開明の世界には通貨なかるべからず。而してその通貨には紙を用いて妨なきのみならず、金銀を用るは徒労にして却て不文の徴たること。參照慶應義塾大學メディアセンターデジタルコレクション、eBook《通貨論》，二二。http://project.lib.keio.ac.jp/dg_kul/fukuzawa/flipper_index.php?ID=F7-A28&PAGE=22（二〇一七年七月十五日），二〇一七年四月六日。

是一八八二年三月十三—十六日，連續四日發表社論〈通貨論〉，再次向社會大衆強調「紙幣」的便利性與實用性，更是富國之根基，只要政府有效控管，金銀貨之貯量不會與紙幣的發行量有所乖離。[4]

《學問之勸》作者福澤諭吉（一八三五—一九〇一）生於日本幕末的天保五年，卒於明治三十四年。在歷經兩個不同時代的生涯中，「廢藩置縣」與「清日甲午戰爭」可謂是他人生的兩個重要轉捩點。「廢藩置縣」代表的是日本即將進入文明開化的時代，亦成爲促使福澤諭吉撰寫《學問之勸》〈初編〉之動力，而「清日甲午戰爭」的結果，奠定福翁成爲明治先覺者之明證。當文明遇上野蠻，孰勝孰敗，一目瞭然。福澤諭吉在一八九四年（明治二十七）七月甲午開戰後不久，便以〈日清の戦争は文野の戦争なり〉爲題，投書於《時事新報》，而日本在甲午戰事中的獲勝，福翁則以「空前の一大快事」自詡，畢竟這是福澤諭吉自壯年以來，便以洋學爲治學目標，且不顧毀譽批判古學，苦口婆心地強調唯西洋的文明主義乃今後日本立國之本的明證。福澤諭吉寫給同鄉前輩山口廣江的書簡中，述說自己長久以來的委屈，而如今戰事的結果驗證自己的眞知灼見，其愉快之情實以「喜出望外」，才足以形容。[5]

4 原文：その貨幣の名目に準じて紙幣を発行するに在り。（前掲eBook《通貨論》，二三二）。

5 原文：「（自分は）古学者流の役に立たぬことを説き、立国の大本はただ西洋流の文明主義に在るの

然而，其後的福澤諭吉卻爲了日本社會的一股好戰熱潮而深感不安，同時在世界性社會主義運動風潮下，人心向背之急進、漫論更讓福翁憂心忡忡，而這也是福澤諭吉督促門下弟子小幡篤次郎（一八四二―一九〇五）、門野幾之進（一八五六―一九三八）、鎌田栄吉（一八五七―一九三四）、日原昌造（一八五三―一九〇四）、石河幹明（一八五九―一九四三）、土屋元作（一八六六―一九三二）及其長子福澤一太郎（一八六三―一九三八）等編撰《修身要領》的緣由。《修身要領》完稿後，一九〇〇年（明治三十三）二月二十五日發表在《時事新報》，公諸於世；同年六月，經福澤諭吉重新整理後，於翌一九〇一年（明治三十四）七月二十五日以單行本格式付梓發行，但福翁已於同（一九〇一）二月三日因腦溢血復發而辭世，享年六十五歲，戒名爲「大觀院獨立自尊居士」。

一八六九年（明治二）二月二十日，一封福澤諭吉寄給家庭醫師松山棟庵（一八三九―一九一九）的書簡中，針對紀州藩之於洋學設立的一段建言裡，福翁直指

みと、多年喋々して已まなかったものの迚も生涯の中にその実境に遭うことはなかろうと思っていたのに、何ぞ料らん今眼前にこの盛事を見て、今や隣国支那朝鮮も我文明の中に包羅せんとす。畢生の愉快、実以て望外の仕合に存候」（一八九五年一月，給山口広江的書簡，《福澤諭吉書簡集》第八卷第二節，一二三）。

傳統漢學教育的弊病，讀萬卷書卻換來被奴役之身，又遑論國家的獨立自尊呢（僅に数十巻の書を数百度も繰返し、所得は唯スレーブの一義のみ、その一身を売奴の如く処しながら、何として其国を独立せしむべきや）？唯一身獨立、一家獨立，而一家獨立，則一國獨立、天下獨立。而爲求一身獨立，就必須開化智識，爲求智識開化，就非讀洋書不可（一身独立して一家独立、一家独立一国独立天下独立と、其の一身を独立せしむるは、他なし、先づ智識を開くなり、その智識を開くには西洋の書を読まざるべからず）。而這也是《學問之勸》〈三編　一身独立して一国独立する事〉之篇名的由來。[6]

一八九〇年，近代日本在資本主義化過程中首度面臨「經濟恐慌」。翌年，福澤諭吉撰寫《貧富論》。[7]福澤諭吉認爲自由競爭的階段已結束，無論怎麼努力，貧窮階層與中產階級都是沒有「希望」的一群，唯富豪階層才有未來，而一般研究認爲此乃當時福澤諭吉對資本主義的認知。窮者愈窮，富者愈富的結果，只會帶來階級鬥爭。因此，福澤諭吉修訂過去的說法，即與其教育小民，不如把重點放在宗教獎勵。另一方面，福

6 前揭《福澤諭吉書簡集》，四三九。

7 福澤諭吉《貧富論》（收錄於《福澤全集》第十卷，時事新報社，東京），一九二六年，一六三—一八九。

澤諭吉「獨立自尊」的重點最後皆置放於國家獨立自主的層面，無論是人間平等論，抑或是一身獨立說，其終極目的皆與「國家」連結在一起，福澤諭吉的存在自然便與「國家主義者」脫不了關係（廣田昌希，二四）。

而福澤諭吉的天賦人權論，樂觀地認為人與人的關係只要不互相妨礙，就能自由自在地過活。然而，在現實生活上卻經常不能一如所願。換言之，面對明治日本社會的動盪，福澤諭吉《學問之勸》樂觀的理想論，逐步朝往權道主義、脫亞入歐的方向轉型（廣田昌希，三五）。福澤諭吉認為蒸氣、電力、郵政、印刷等技術的發明，通交之便等，加速思想的傳達與普及，進而帶動世風一新，而一如英國的議會政治，政黨適時輪替，可有效改變政權長治之弊（小泉信三，一三七）。

作為《學問之勸》另一補注版的《實業論》，[8]福澤諭吉在該書中強調，為學者必須博學多識，把握時代脈動，善用機會；無論是面對法律、抑或是人際關係，為學者應保有高尚品格；重秩序、守規則，充實專業知識（永田守男，九六）。

從福澤諭吉的《舊藩情》與《民情一新》觀之，[9]乍看之下，福翁的思想趨近階級

8 福澤諭吉《實業論》（收錄於《福澤全集》第五卷，時事新報社，東京），一八九八年，三三一—四九。

9 福澤諭吉《舊藩情》（收錄於《福澤全集》第六卷，時事新報社，東京），一九二六年，六七七—六九六。

對立與唯物史觀。不容諱言地，福澤諭吉之於議題的關心，基本上是在數理與佐證的基礎上，追求實證與形而下之研究。舉凡自然科學、經濟學、倫理學、人文科學等，透過科學的實證研究或科學主義之應用，得以究明因果的議題，都會讓福翁感到興味盎然。相對地，福澤諭吉之於形而上等虛幻的思辨全然無緣。福翁一向以「鄙事多能」自詡，現實生活之外，即使是學術性考察，福澤諭吉也經常著眼於「鄙事」（小泉信三，一四一—一四二），即福翁所謂的實用之學。

而福澤諭吉的思惟之所以不同於同時代其他人的「一生一步」，不能不謂是拜「適塾」學習經驗之所賜。一八五五年三月，福澤諭吉到適塾學習，時年二十二歲。在適塾學習的三年期間，第一年學習荷蘭語，以後的兩年期間則與同儕以「會讀（decoding）」的方式，解讀物理學與醫學等相關學術。換言之，「適塾」與其說是語言學校，勿寧說是一間「窮理學（science）」研究所，相對比較名符其實（西川俊作，三二）。適塾的「會讀」以己身自力的研究作爲學習的基本原則，可資請教的對象唯「字典」而已。因此，「會讀」模式的學習乃是培養邏輯思考力的方法，而沉思默考更成爲「窮理學」研究的通則（西川俊作，三五）。受到「適塾」學風的薰陶，造就了福澤諭吉終其生涯不斷思考，不斷發表，福翁的發表著作可謂是汗牛充棟，數量之龐大幾乎是無人能出其右。

其中，前述一八七二—一八七六年陸續完成出版的《學問之勸》之印刷部數，一如福翁所謂的可以「古來稀有之發兌」稱之，不僅是文字使用多辯饒舌，思想內容更是大膽不羈，無論是讓讀者大衆感覺震撼、覺醒，抑或是憤激、反彈，該書之撰寫字字斟酌，絕對是日本近代史上少見的雄辯之作。依福澤諭吉自述，這與自己在年輕時期愛讀《左傳》，不無關聯（小泉信三，九六—九七）。《學問之勸》全十七編之主旨，首尾一致，撰文之目的在於「掃除破壞」，無非不是意圖打破日本社會之於封建的屈從性，以及非科學之迷惘。而不同於一八七五年初版的《文明論之概略》六卷，讀者對象是受過漢學教養的知識階層，《學問之勸》的閱讀大衆則是針對社會的一般民衆。因此不同於前者在用詞遣字上顧及學識素養，《學問之勸》的文字撰寫則力求通俗平易（小泉信三，九八—九九）。

基本上，《文明論之概略》可謂是《學問之勸》的進階版。文明之發展與歷史的進程相結，福澤諭吉以「時勢之力」稱之。依福翁之見，社會的「文明」與國民所分賦之智德連動。福澤諭吉認爲相較於歐美國家，日本的歷史進程偏重於階級權力，而國家的獨立自尊則與國民的文明開化緊密連結。國家之於國際社會一旦被矮化，則無法獨立自主，國民的行狀品格自然變得卑屈奉迎（小泉信三，一〇二—一〇三）。因此，爲求得近代日本的獨立自尊，唯國民整體走向文明開化之途，別無他法。

福澤諭吉明白指稱，與其把國家的獨立交付予「天地之公道」等抽象原理，更實際的作爲就是提升軍備，其後從《通俗國權論》、《時事小言》之撰寫開始，福翁的形象則從民權論者逐步轉型成國權論者，更在朝鮮問題上主張強硬論（小泉信三，一〇七）。然而，綜觀福澤諭吉一生的言論，基本上首尾一致，即「內安外競」，而過去民權論等相關説詞，僅是爲了「官民調和」奠基之所用（小泉信三，一七三）。

衆所周知，一八八二年（明治十五）福澤諭吉創刊《時事新報》，福翁之所以自創媒體，則與被捲入前一年（明治十四）明治政府內部爆發的「明治十四年政變」之疑雲不無關聯。「明治十四年政變」牽涉明治政府內部主流派與非主流派的政治鬥爭，福翁受到下野的非主流派參議大隈重信相關之流言蜚語波及，當局懷疑大隈把「北海道開拓使官有物釋出」的消息釋放給福澤諭吉，再藉由慶應義塾的演講會抑或是新聞媒體炒作，意圖顛覆政府。事件的結果，除了大隈重信辭去參議一職之外，具有慶義義塾校友背景的政府吏員，如矢野文雄、犬養毅、尾崎行雄等皆遭免職處分，而福翁則一度面臨被逮捕下獄的隱憂。福澤諭吉曾與大隈重信聯名，以一份題爲〈明治辛巳紀事〉之備忘錄，另附六千字之長文書簡，送交政府主流派高官井上馨與伊藤博文，以釐清眞相（小泉信三，一六六—一六七）。

「明治十四年政變」與明治日本的國會開設緊密相結，即使福澤諭吉並不願見諸藩閥政府倒臺，畢竟在福翁的認知中，明治政府可謂是人才濟濟、人望所歸，但他的確認爲速開國會是有其必要。然而，政府內部的派系鬥爭卻波及自己與其他無辜人士，這明顯讓福澤諭吉深感不快（小泉信三，一七〇），以致有好長一段時間，福澤諭吉不打算再與井上馨或伊藤博文等政府要人交誼往來（小泉信三，一七二）。畢竟讓福翁最深感憂心的莫過於日本的對外關係，至少在一九一一年以前，日本還深陷在不平等條約的桎梏中。當然，經過「明治十四年政變」的紛紛擾擾，大隈重信與福澤諭吉的犧牲，除了促使明治政府同意允諾並確立國會開設的時間表之外，亦造就福翁決志創辦一份明治日本期間立場相對公正的《時事新報》。

顯然因政變事件而無辜受到牽連，導致福澤諭吉對政治人物產生嚴重的不信任。福翁終始一貫，唯一無二的信念就是內安外競、伸張國權，而一如《時事新報》創刊號上之長文〈時事新報發兌之趣旨〉所言，福澤諭吉強調自己「畢生僅關心日本的國權議題（畢生の目的、唯国権の一点に在り）」，而辦報的宗旨莫過於「從一身一家獨立開始，再旁及一國獨立之精神（一身一家の独立より之を拡めて一国の独立に及ぼさんとするの精神）」（小泉信三，一七五）。福澤諭吉貫徹「獨立自尊」的自我信念，而以個人之力辦報，試以輿論監督政府，特別是一八九一年（明治二十三）國會期成的公布日誌發兌，明治政府能否信守承諾，在不久之未來開設國會，亦可謂是福翁被無端捲入「明治十四年政變」的反撲。

因此，福澤諭吉曾在《福翁百話》中一篇題爲〈國家唯有往前邁進一途（国は唯前進す可きのみ）〉一文冒頭，開宗明義地點出「文明進步」的定義。所謂「文明」的前提，即一個社會是否有言論「自由」可言，言論的自由與否乃社會人文進退之表徵，但更重要的是，一旦言論自由開放之後，能否繼續維持井然不紊的社會秩序，則攸關文明的「進步」。[10]福澤諭吉的思考念茲在茲地，都是近代日本如何維持國家的獨立自尊。而「文明開化」的確是當時日本社會試與萬國對峙，唯一無二的手段，而國民心志的獨立與言論的自由，則是社會能否文明開化的前提，但受制於長久以來傳統古俗慣習之影響，反而導致明治初期的社會亂象頻仍。有鑒於此，福翁乃鼓勵全民皆學，並透過〈無學的不幸（無學の不幸）〉一文，[11]強調世間最大的不幸莫過於「無學」，畢竟民度的提升與學問思想是有連動關係的。

中國古籍《易經》有「天行健君子以自強不息」一句，福澤諭吉認爲國家社會能否與日俱進，亦需如此。日本的立國本色莫過於「一心不亂地前進」，[12]而後輩的年輕

10　原文：文明進歩の程度を計るに其標準とす可きもの少なからざる中にも、言論の自由不自由は恰も人文の進退を表すの信号とも名く可きものにして、其束縛を弛めて次第に自由に移るは、紛れもなき、文明の進歩として見る可し。（福澤諭吉〈国は唯前進す可きのみ〉，收錄於前揭《福翁百話》），二一一。

11　原文：千万金の貴婦人にして、其死生の一段に至れば、乞食に劣ると云ふ、人間世界最大の不幸は無学に生ずるもの多きを知る可し。（福澤諭吉〈無學の不幸〉，收錄於前揭《福翁百話》），二七六。

12　原文：一心不乱に前進するこそ立国の本色なれば（略）。前揭福澤諭吉〈国は唯前進す可きのみ〉，二一六。

學者更需奉「苟日新又日新」爲圭臬。[13]身處在瞬息萬變、前途多舛的二十一世紀，從個人乃至於國家，每個人心底潛藏著各種煩惱與隱憂。而生於十九世紀的的福澤諭吉，面對半獨立國家的明治日本，他的煩惱恐怕比起現代的年輕人更是有過之而無不及。然而，福澤諭吉最大的人格特質就是凡事正向思考，而不同於日本傳統知識階層容易陷入情緒性感傷，福翁則是以邏輯性思惟的合理精神去面對問題（齋藤孝，六八）；另一方面，言動審慎，終始不損學者的專業權威，自尊自重，而不與政治人物爲伍（小泉信三，一七七），亦是福澤諭吉何以能夠不羈獨立、自由自在的主因。

13　原文：新案を廻らし、日新又日新以て（略）。前揭福澤諭吉〈国は唯前進す可きのみ〉，二一七。

附錄　福澤諭吉的學問論

附錄一 學問之獨立

在「明治十四年政變」中受到衝擊的福澤諭吉曾說「學問教育的社會與政治社會呈天壤之別，而與學問無緣的政治家試與學事為伍，是不自然的；何況以學者之姿尾隨於政治家之後，更是老生之輩從未試想過的」！[1]即使事變之後，福澤諭吉經常自尊自重，以不損學者的尊嚴與權威而刻意與井上馨、伊藤博文等政治人物疏遠，直到一八九二年（明治二十五）、一八九八年（明治三十一），在特殊的機緣下，才又與這些政府閣僚重修舊誼。然而，「明治十四年政變」之後翌年（明治十五），福澤諭吉創設一份監督政府的媒體《時事新報》；翌年（明治十六），於一月二十日—二月五日期間，另撰寫〈學問之獨立〉投書《時事新報》；而無獨有偶地，「明治十四年政變」的張本人大隈重信下野之後，一八八二年（明治十五）創辦「東京專門學校」，一九〇二

1 原文：学問教育の社会と政治社会とは全く別のものなり。学問に縁なき政治家と学事に伍を成す、既に間違いなり。況や学者にして政治家に尾するが如き、老生抔の思寄らぬ所に御座候。（收錄於《福澤諭吉年鑑》第二十五期，福澤諭吉協會，一九九八年，一〇一）

年改制爲「早稻田大學」。無論是福澤諭吉的慶應義塾，抑或是大限重信的東京專門學校，創校之目的在在皆以「學問之獨立」自許。

套用早稻田大學對於「學問之獨立」教旨的說明，即「在野精神」、「反骨精神」的結合。[2]意圖提醒年輕學子爲學的目的是培養不受權力與時勢左右，具自主獨立的精神。簡言之，就是「獨立判斷」與「明辨是非」的能力。事實上，福澤諭吉意外地因明治十四年政變，而與大限重信一起成爲「同是天涯淪落人」，早大的教旨與慶大的校訓幾近雷同。

《學問之勸》〈十一編〉福澤諭吉提及「職分」與「名分」之差異，已爲〈學問之獨立〉埋下伏筆。而受到《學問之勸》的影響，明治時期的日本社會不分上下、都鄙，學問成爲一種時尚，這樣的風潮前所未見，亦可謂是文運降盛之世。而時運既是如此，民眾識字之後所伴隨而來的，則是政治思想的覺醒。值此世事繁沓之際，政治人物的思考、言動經常對學問的進退、左右產生影響。依福澤諭吉之見，這種現象絲毫無益於社

2 原文：「学問の独立」は、「在野精神」「反骨の精神」と結び合います。早稲田大学は、自主独立の精神を持つ近代的国民の養成を理想として、権力や時勢に左右されない、科学的な教育・研究を行ってきました。參照早稻田大學網頁，網址如下：https://www.waseda.jp/top/about/work/mission（二〇一七年六月三十日引）。

會國家。因此，由福翁構文，其甥中上川彥次郎（一八五四—一九〇一）執筆的〈學問與政治應該分立〉一篇，[3]連日投書於《時事新報》而成爲長篇社論，強烈引起學者與政治人物側目，並成爲當時的社會話題。而其宗旨之於二十一世紀的當代，繼續受用，除了展現福翁思惟的時代意義，更彰顯福澤諭吉被冠上先覺者之名，歷久不衰的主因。

〈學問之獨立〉一篇其宗旨在於「學問」與「政治」之間體質相異，從國益的角度思考，必須分立存在。無論是文部省管下，抑或是工部省管下的所有官營學校，爲避免學術研究受到政府政策的干擾，皆應朝往民營化轉型，成爲私營學校；教師則須以學問爲業，更應斷然放棄步入政壇的青雲之志，以保有學者獨立思惟的自尊。而官營學校民營化之後的辦學經費，則由國家統合象徵的皇室之經費勻支。

此乃福澤諭吉所謂「學問之獨立」的核心宗旨，充分展現出福翁嚴正反對「學而優則仕」的思考。福澤諭吉認爲一旦學問與政治相結，學術研究便難有獨立思惟，過去中國趙宋時代朋黨之爭的禍根即源自於此。然而，維新以後年輕人積極投身政治，而怠忽學問，乃與學者的社經地位滑落相左右。學者之於國家社會有其存在價值，與其透過經濟的包裝提升學者的形象，不如由皇室以勳章表揚更是合宜。換言之，皇室的存在成爲

3　參照「慶応義塾大学メイディアセンターデジタルコレクション」，網址如下：http://project.lib.keio.ac.jp/dg_kul/fukuzawa_text.php?ID=102&PAGE=3（二〇一七年四月六日），二〇一七年七月五日。

維護學問獨立的重要倚靠。

福澤諭吉認爲無論是爲學，抑或是從政，終極目標無外乎是增進社會國家之福祉。然而，學問並非政治；而學者亦難以與政治家等同視之。二者之間何以會有所不同呢？問題在於學者的研究事業經常與社會實態差距甚遠，而政治家則經常站在日常的人事之間思考議題。受到德國的「國家衛生原理」思惟影響，明治菁英經常把國家以人體比擬，福澤諭吉亦不例外，福翁認爲社會國家一如人的身體，學者與政治家都是爲了保守社會國家而存在，一旦國家病了，政治家就必須施以政策給予及時的治療，而學者的角色扮演則是授以平日的養生療法。

自國家開闢以來，時至今日，一個智德不完整的社會，就像是人體一般必有其痛處。負責治療的政治家自然變得相對繁忙，而講究平日養生之法的學者，則透過警訊的提出，試防範病痛於未然，而一旦發病，亦可在重病成形之前有效控制。換言之，即使不是直接施以療程，學問的力量仍可發揮強大效益。一如之前《時事新報》社論（一月十一日社論）之所言，日本開國之初攘夷論盛行之際，洋學者之輩講授西洋諸學等相關情事，倘若日本社會欠缺開國養生法，日本國則可能亡於鎖國攘夷之疾。然而，學問的效力即使宏大，學者的角色扮演之於直接處理當前議題，抑或是發揮實質效用之案例，古今世界並不多見。

一如以養生學爲業的醫師，在疾病療程的參與並不多見。學問與政治基本上是不同面向，難以混同並論。爲求社會全面性的便利，唯兩者的效益都能被接受，社會福祉乃得以實現。即使是西洋諸國，執政者的文學造詣有無並無害於世，而碩學走上政壇卻成為社會笑柄者亦大有人在。日本傳統的封建諸藩，以重要老儒擔任要職，不僅毫無助益，更經常難以被藩士接受，而老儒因而喪命者亦有之，福澤諭吉認為這只能歸罪於「養生法」與「治療法」不應混同處理。

福翁的重點以一言蔽之，即為了國家之大計，學術與政治應該分立存在。所謂近代日本的學術應從政治獨立出來，指的是文部省與工部省轄下的官營學校，應該試從政府部門脫離，轉為民營。維新之初，百廢待興，教育事業多由官署管轄，抑或是民間自理，欠缺明顯分際，亦無人有所異議。一切新規事業皆歸政府管轄，即使是工商瑣事亦有政府插手，更遑論是教育事業，因此文部省、工部省等亦相繼創辦學校。而維新以來亦十六年，福澤諭吉認為現在應該是重新整頓政事的時候了。對照海內外情事，參考歐美文明國之實況，日本國由政府直接辦理學校、招募生徒，並納入官府管轄，甚至以政府吏員兼任學者執鞭教壇的案例，在海外國家卻是罕見。

所謂學問之事，在官營學校學習，抑或是在其他學問所學習，乍看之下不分軒輊，但在政治現實上卻是大相逕庭。一如前述，面對如麻之國事，政府須隨時臨機應變進行處置，比如饑饉之救恤因應、外患的兵馬整備、紙幣價格滑落的貨幣供應、貿易盛衰的關稅調整等，政府要員亦經常得面對社會輿論的評價。倘若學校亦被捲入國家行政管下，學風自然也會受到社會輿論評價所左右。

政府吏員日夜奔波於各種社會議題的臨危處置，政略運作自是相當重要的一環，原則上政治家不能怠忽職守；然而學術研究則非一日一夜便可得成，更難以隨機變易。原本文部省管下學校的學則應無關乎政治，理因與一般學校之學則雷同，重德育且貴智育。而所謂的學問，多取自於西洋文明之元素，教學內涵甚至遍及體育養生之法，不可不謂是完美的課程設計。

然而，完美學制施行者乃政府行政體系之吏人，施以教學者亦是吏人，而教育現場的繁瑣事務與學校氣風的培育等相關注意事項，亦在學則上一覽無遺，學校的氣風精神之源流來自於政府的行政部門。然而，政府的行政思惟難以被長期固守，經常伴隨政權方針而變革，導致學校的氣風精神亦跟著產生變化，恐違反了學術研究的本質。

問題的關鍵在於政略經常會有所更動，而學問則是靜沉穩健。原本靜者是難以與動者同步，當政治與學問連動在一起時，學者便難以對時政提出針砭、找出弊端。青年學子漫談政治，或者從報章媒體之政談讀了些許內容，便喋喋於世事，乃福澤諭吉所不樂見的。而之所以被制止的理由在於，以穩健爲表徵的學問乃潛沉的存在，學子應展現其學者本色。倘若由行政官僚兼任學者，則可能陷入爲求行政便利，而喋喋於時政之嫌。相對地，政治的特質相對活躍，隨時有所變動，倘若被要求必須靜沉，一旦有需更動時恐難有所作爲；甚或遭致其他動者之反對，要求墨守潛靜，結果反而從穩健之境陷入了反動。

總之，學問與政治相結有其餘弊，乃福澤諭吉所不樂見的主因。而學問與政治連結之弊端，亦非福翁一人之獨見而已。日本自古以來，雖無人明言其理由，但意外地在現實面上卻恪守學者不置喙政治的宗旨。先不提往古情事，在德川幕府時代除了幕府中央之外，旗下三百諸藩皆安置儒臣，教育子弟，並給予無上尊榮。藩主以老師尊稱儒臣，不過這種尊榮僅限於學術的範疇，在政治領域上則不容儒臣置喙，因此學者即使被稱之爲「長袖」，卻與神官、僧侶、醫師之輩等同視之，無法進入政廳，亦不能與其他士族交流。

德川家的儒臣林大學頭，[4]世代擔任「大學頭」，其身分雖次於「老中」、[5]「若年寄」，[6]但卻是位居「旗本」的上位，即使如此，其之於德川幕府的施政毫釐之權亦無。針對幕政大事，即使幕府當局有可能向這些儒臣諮詢意見，但仍止於顧問階段。這個現象即使有人感嘆是武家政權「重武輕文」之弊所致，然而依福翁之所見則不然，讓主司子弟教育的學者參與政事，恐將成爲國之大害，福澤諭吉認爲德川幕府的制度與慣行的確有其得當之處。

倘若當時大學頭亦可身兼行政官職，林家朋黨衆多，且多爲善論者，則幕府內部勢必結構出林家派系，當其黨類力量不足以制壓全國時，更可能衍生出敵對勢力。而林家

4　林復齋（一八〇一—一八五九），江戶時期朱子學者，一八二四年任紅葉山文庫之書物奉行。
5　老中乃江戶幕府官職，直屬征夷大將軍，總領全國政務。
6　若年寄乃江戶幕府官職，地位次於老中，協助處理幕政雜務。

支配下的官立學校必有其相關的政談主義，一旦轉型成政府施政方針時，位在江戶的家塾、地方的藩立或私立學校等，或許從屬在林家教義之下，抑或是反林家教義。從學問的探討開始，甚至直接觸及政治上的主義思惟，屆時可預期地，社會不和的氛圍恐怕不僅止於幕府內部，亦可能衍生成全國性的動亂。從過去歷史的經驗中，德川幕府已見諸弊害，因而俾使手持教鞭的學者必須站在政治圈之外，福澤諭吉認爲這亦可謂是功德一樁。

或者有人說，學問與政治本乎不同，由於兩者炯異，因此學問所嚴禁政談，亦不應閱讀政書，甚至應明定法規，釐清二者之間的分際，避免引人犯錯。無論抱持什麼論點，皆侷限於學術研究的場域，而不應付諸行動。即使設置法規檢核學問所，以約束教育現場的學頭，倘若有行政部內的人員意圖教唆學生萌生政治之念，不問難易，皆須嚴禁之；或者告誡生徒切勿喋喋於政談，社會上談論這事、熱心那事的，一旦意見不同，一方勢必遭到禁制，而禁制的相關言詞中大多會有讓反對之一方感覺嫌忌。即使嚴禁相關言論，被禁制的學生當中，那些關心政治者就算口中不談政事，但其行爲舉止卻宛如不講政談的政黨一般。

問題是政治上的思惟、主義、策略殊異，福澤諭吉以日本佛教的法華宗爲例，法華宗的僧侶嚴禁信衆從事淨土教派「唸佛」行徑，強烈主張唯口唸「南無妙法蓮華經」才是正確的救贖之道。而教育現場的學校則不宜如此，教師必須放棄一己之見，不偏不倚，抱持中道思考，以客觀的立場講談學問，不拘泥於社會現世的喜好，才能對政治實業者提供警示效益。

德川幕府初期，貴爲幕府智囊的儒臣林家，抑或是僧侶天海僧正，[7]皆無法直接參與幕政。其後，水戶藩的政黨奸黨之亂皆爲學者干預時政、[8]甚或朋黨亂政之案例，甚至以政治黨派論煽惑學生，政爭的餘孽波及社會，更荼毒國家。無關政治的學問研究，例如武術的流儀、書畫的氣風等，流派之間的競爭等一般無害於社會。然而，別具政治特質的學術活動，潛沉之間亦可能突變成激烈行動，而造成難以抹滅的禍害，福澤諭吉認爲這是經世家應該自我警惕的。

日本將在數年之後開設國會，社會各界已爲政黨的成立汲汲奔走，待國會開設後，日本社會將進入政黨政治的時代，亦是日本史上所前所未有的。政黨之間在政事相關的主義、思想上，勢必有其競合關係。一如西洋諸國的經驗，屆時政黨輪替可能成爲常態，每每政黨輪替之際，政策、方針必跟隨改變。倘若官營學校的學風亦因此而更動的話，福澤諭吉認爲那將是天下文運之不幸！福翁以振興貿易爲例，當政府當局認爲對外貿易之不振，在於日本國民之於殖產工商之道的迂闊，因此必須興工業、講商法，積

---

7 天臺宗僧侶天海（一五三六—一六四三）乃日本近世時期的高僧，江戶幕府時代成為德川家康的側近，對於幕政的朝廷政策、宗教政策等提出相關建議。

8 水戶藩乃江戶時期與將軍家有親緣關係的親藩大名，並與尾張藩與紀州藩並列為「御三家」。

極推動商工教育。接著，又聽聞海外情勢不穩，爲防範未然，以免捲入國際風波當中，而當務之急就是擴張武備、振興士氣，學校教育則開始講尙武、棄文弱，前述學習工藝商法、殖產之道的學生則停止經濟、經營的學習，而改讀兵書，甚至投筆從戎。

國家貿易的景況、海外政要的動向等之於政府當局而言，都是緊要之事，難以等閒視之。然而，教育乃百年之大計，學問與政治一旦密切連結，政策的變勢經常會動搖學術，而其餘波更可能帶給社會國家嚴重的衝擊。福澤諭吉對於學問無法獨立於政治之外的這般隱憂，果眞成爲太平洋戰爭時期的一場夢魘。福翁又以「開成學校」爲例，[9]江戶幕府後期所成立的開成學校乃一洋學教育中心，戊辰戰爭的危急存亡之際，[10]師生驚慌四散，理由無他，因該校與幕府緊密相結，校內上下擔心新政府軍在攻打幕府之餘，會連帶把學校一舉毀滅。在福澤諭吉的理解中，該校師生受到世變蠱惑，而忘記自己應有的學者本色，反而汲汲於眼前的利害東奔西走，爲自己可能被冠上「勤王」或「佐幕」等罪名而感到畏怖，此乃學問與政治連動的後果。

福澤諭吉認爲倘若當時開成學校能與幕府政權分立存在，無偏且無黨的逍遙於政

---

9 開成學校設於明治初期，乃文部省管下的一個洋學教育機構，坐落於東京都神田錦町。

10 戊辰戰爭乃幕末維新的一場內戰（一八六八－一八六九），內含四場戰役，包括江戶開城、鳥羽伏見之役、東北戰爭、箱館戰爭。

治圈之外，該校教員勢必能成爲豪膽獨立的眞學者，新政府的東征騷亂則無以爲懼，即使是彈丸雨飛，仍得以維持學術之命脈於不墜。明治維新以後，因文部省的設立，該校才得以蘇生，在這期間學校停止運作數年，對日本的學術而言可謂是大不幸的年代。因此，福翁再次強調無論政府優質與否，學問皆應與政治分立存在，一旦政局不穩時，學術才能不爲所動地持續下去。

又以神道教爲例，維新之際獨尊神道，神道教之於國家社會的效益如何，雖功德未現，但「廢佛毀釋」的聲浪卻是甚囂塵上，[11]嚴禁神佛同祀、僧侶的生計困頓、信衆陷入窘境，此乃日本社會的宗教信仰與政治連結的後果。在福澤諭吉的認知中，學術流派可以相互競爭、甚至相互敵視，然而一旦學問與政治相結，在政治力的威嚇下，學術僅能隨波逐流，陷入了騎牆處境，而欠缺學術界應有的獨立思考，這種附和的思惟與行徑甚至遍及全國，成爲社會的一大弊害。

而維新以後，民智頓開，社會之於政談的熱度逐漸升溫，這股氣風甚至帶入校園。而全國的學校皆處於政府支配下，從課程內容乃至教員、職員，無一不受行政官僚管束，不僅止於政治意見，包括其他行政庶務，一旦意見相左，即使是講求眞理的學術

11 明治政府成立後，一改過去長久以來「神佛習合」之舊慣，乃公告「神佛分離令」，結果引發社會的廢佛毀釋風潮，佛教信仰受到嚴重衝擊。

亦可能有其政敵出現。近代日本之於學校教員的採用，取決於政黨背景與政治思想；不問學識淵博有無，教員待遇取決於政談的巧拙與否。一如武藝、美術等，原本學問之於政治應該是無緣的存在，如今教員的講學竟與政治上的主義及其政談的巧拙等相互連動，即使世人不以爲意，但福澤諭吉認爲這個現象遲早會帶給日本社會無窮之禍害，屆時可能重蹈過去中國的趙宋、近世日本水戶藩之覆轍，著實令人憂心。

而爲求防範未然，以因應燃眉之急，福澤諭吉亦提出一項解決之道。即把現行文部省、工部省管下的官營學校，從政府部門分離出來，移爲皇室所有，並讓民間有志、有識者參與其間，而成爲與皇室共同私有的民營學校。由皇室先撥出一筆鉅額資費作爲辦學基金，協助學校的基本運作；另外，以學事保護爲名，每年再從皇室經費中撥出定額，下賜給學校作爲營運補助。而現行作爲官府直轄學校營運的資金五百萬日圓，則購買大藏省的儲蓄公債，再以公債利息的每年五十萬日圓協助學校營運，如今則須修訂公債證書上的名義，在私名之外，另加上「共同」二字，以表明該校並非私人所有。

既然有五百萬日圓以爲辦學基金，學校的運作維持將不成問題。接著，福澤諭吉主張應將全日本具有才識德望的碩學大儒齊聚一堂，召開學事會議，成爲學術界的中央單位，授以文書學藝之大權，包括教育方法、著書內容、古事探索、新說研究、語法定義、辭書編成等，文事百般皆由該單位一手統轄，而不讓政府插手干預。一如過去江戶時代，幕府旗下的勘定所之於受取書上的「米」字之寫法竟與林大學頭迥異，爲此二者之間展開一場激烈論爭，最後位高權重的勘定奉行還是得讓步，[12]「米」字的寫法依儒臣林大學頭的筆觸處理，顯見江戶時期的文權仍歸屬於儒臣，擁有政權的幕臣依舊無法置喙。

因此，福翁主張倘若近代日本亦可設置一「學事會」，就如過去儒臣掌握文權一般，學問才得以獨立自尊。既然學事會專職文事之全權，學事會旗下的成員便不可參與政事，更嚴禁成員以學術之名干預政府的政策方針。一旦政權與學權呈分立之存在，福澤諭吉認爲今後政府在政策施行上會變得比較容易，而學者之於研究勉學亦可以較爲專注。

然而，有了代表文權最高單位的學事會，並不意味著就必須廢止政府的文部省。文部省的行政官僚繼續負責全國性的學事管理，包括各地方就學適齡之調查、就學人口多寡之計算、總人口與就學者的比例報告，並定時派遣人員到地方審查、監督各級學校的資本進出、保存方法與教職員的相關背景與履歷等。畢竟唯以政府權威，才得以推動義務教育，學校的相關管理規定，非文部省之權責無以爲之。強制義務教育乃當今之要務，然而眼前之學風受制於政治所左右，並不合宜。唯成立學事會處理學問之事，並以文部省監督學校庶務，即學事與總務分開管理，卻又相互依存，才能求得極致完美。

12 勘定奉行乃江戶幕府旗下之官職，執掌幕府直轄領之管理，並與寺社奉行、町奉行合稱為三奉行。

福澤諭吉以海陸軍爲例，無論是搭乘軍艦在海上作戰，抑或是跨馬奔馳指揮兵隊行進，這些相關軍旅業務，唯有明辨兵法並有實地作戰經驗者，不足以勝任之。而海陸軍中除了軍人之外，還需要懂得軍律裁判的法學士、處理傷兵患者的醫學士，行軍之際的輜重兵糧等相關庶務、承平時期的會計簿記等，這些兵隊外的庶務千頭萬緒，而其重要性卻不亞於戰務。庶務與戰務必須相互協力，才能維持海陸軍的營運，這是衆所周知。而國家的教育事業亦同，教育方針確立之後，接著就是探尋能夠教文授藝、引領後輩學子之教員。而這些教員除了受過教育之外，更需有實際的教場經驗，才足以勝任。學者主司學問教育之事，而教育管理等相關事宜則由政府行政吏員，透過權力運作，讓它走向制度化。

學者專精於學問，卻受制於不懂學問的行政人員所支配，一如軍人亦兼執海陸軍之庶務，而庶務官僚則指揮軍旅戰陣，不僅成效有限，更妨礙社會國家的發展、進步。海陸軍的醫學士、法學士、會計官意圖指揮兵士操練，甚至決定戰場的進退時宜，必有其困難，這是人盡皆知。然而，人們卻忽略了政治吏員決定教學方法、評選書籍、教場時間與生徒進退等，亦有其不得手之處。

福澤諭吉認爲把民營學校交由皇室保護，辦學經費的匀支，乍看之下雖不成問題，但現實面上仍有其不足之處，除了增加皇室預算之外，抑或是流用皇室不動產處之即可。從全國的不動產收入中，流用幾十萬日圓過來，則足以協助民營學校的保護；或者把一筆巨額資本直接寄付給民營學校，此舉則無異於把幾百萬日圓的巨額資金永久無息貸款，這對皇室而言並非困難。如今政府財務困難之際，或說不應增加皇室經費預算，但仔細評估，其實對國庫的出納絲毫沒有增減可言。理由無他，當官營學校由文部省、工部省管下脫離出來，轉型爲皇室保護下的民營學校時，過去的辦學經費勢必退回大藏省。大藏省再把減少的歲出轉移給皇室，增加皇室的經費預算以用於民營學校的保護。一旦官營學校民營化之後，經營者心念改變，不再胡亂浪費，質素簡樸之風油然而生，相較於舊慣作法，費用勢必大減，而就算是開銷不變，同樣的資金亦足以維持新的學事。從國庫的角度觀之，學校的官私變革，所需資金相對變得豐厚起來。

當官營學校轉型爲民營共同私立學校時，教員的聘任勢必得遵循學事會的指示方針辦理。過去以官校教師的在官身分而倍感榮耀之教員，一旦轉型成私校教員時，是否會有榮耀不再的苦悶呢？福澤諭吉認爲這是「俗吏論」下的杞人之憂。然而，學者之中仍難免有俗輩者，在乎官營學校時期何等官、何等出仕之虛榮。若要平息此輩者的不平心態，並不困難，授予利祿即可。福翁建議學校不問官民，俸給依舊；再由皇室網羅天下學者授予位階勳章，便足以平息不滿情緒。

位階勳章的頒發對象，並不僅止於政府人員。官僚吏員辭官時，位階勳章的頒發絕不可少；華族者不入仕途，亦頒發位階勳章，以資表揚。換言之，位階勳章的受贈並非勤職之酬勞，而是才德兼備、出類拔萃的表徵。而位階勳章應由代表國民統合象徵的皇室頒發，才能展現無偏、無黨的存在。生涯以學問爲職志，專精研究並教育後輩的學者，其之於社會的貢獻不亞於政治上的一等官。人間社會千緒萬端，分業細緻。從社會國家的文明進步觀之，到底政事與學事孰輕孰重，難以判讀，現實上二者皆爲至要，缺一不可，即使學者視政事如兒戲，而爲政者視學事爲老朽之空論。

然而，政治是處理眼前緊要之事，而學問則是著眼於長遠之大計。在政事的有效運作下，才能維持一個安定局面讓學者專注於學術研究；而學問則是教育之本源，能陶冶出優秀的政事家。福澤諭吉認爲一國的文明取決自學問的重視與否，而學術界的碩學大儒亦應被授予位階勳章，畢竟學界的上流人物與政界的上流人物，地位同等，無絲毫的輕重之別，唯二者之間不能相互干涉。

政界之位高權重者，其上下尊卑不盡然能受用於學界，以法國學事會爲例，即使拿破崙一世有效取得學事會員身分，但拿破崙三世卻無法獲取，這項事實代表該國學事權相對具有力量。維新初起之際，明治政府之吏員有等級之分，卻無位階勳章之制。福澤諭吉主張等級之制應適用於百業，否則唯以仕官爲志者，可透過利祿獲取榮耀，顯然有失公允。畢竟行行有狀元，以學問爲志者，卻因學界無等級之分，即使是碩學大儒亦難以獲頒表揚，不僅遺憾至極，更讓社會大衆以出仕爲重。套用孫文的說法，即人人想做大官！

福翁的建議是與其大談高尙理論，還是授予位階勳章最爲實際，學者之間眞正能脫俗於現實、逍遙於榮華之外，站在高處睥睨天下之俗者，亦是有限。値此官營學校民營化的變革之際，而皇室乃日本私立學校的守護者，由皇室選取天下表現優異的學者，頒贈年金與榮譽，奬勵他們修習學藝有成。西洋的學術之所以進步迅速，悉皆取決自學問。西方社會已從學理研究的時代，進階至學理施行的時代，一如軍人已從軍校畢業，準備進入戰場。反觀日本的學術研究，無論是物理、醫學，維新以後的十數年來的確有其精進之處，但整體而言卻顯青澀狀。面對西洋學術的日新月異，不免有望塵莫及之嘆。

依福翁之見，日本的學術研究之所以難以精進，並非學者之不智，關鍵在於時間與資金的嚴重匱乏。以醫學專業的醫師爲例，近代日本的醫師可能因奉職仕途，抑或是開業看診，而無法抽空做研究。而其他領域如理學、文學相關之學者，爲求生計亦不得閒。近年來拜賜於印刷術的發達，著書之數量與種類增加，明治日本的社會學風變得興盛。然而，出版社鑒於發兌部數的考量，以及讀者需求之評估，坊間書店多擺放淺近內容的雜書，提供消費者選購。多數讀者與意義深遠的學術作品無緣；而學者則需經年的幽窗沉思才能有好作品付梓，這是日本社會之學權難以有效擴張、甚至與海外學界有效競爭的主因。

因此福澤諭吉主張應透過皇室資金之釋出，讓學者篤志於學術而得以安身立命，至爲重要。倘若以專任官職聘僱學者專家作爲諮詢顧問，在財政收支上甚不經濟。福翁建議不如透過皇室年金的勻支，在各單位如元老院、海陸軍內安置一兩名學者，必要時可隨時提供諮詢。以皇室預算保護民營學校、優厚學者，不僅可助長日本學術的進步，對社會政治而言亦有其便益之處。依福澤諭吉之見，政治也是學問的一環，畢竟政治家源自於知識分子，因此學校成爲培育政談者的搖籃。而學問乃人類社會實業發展的源流，即使學生畢業之後並不以從政爲業，直接進入工商業界服務，但國民整體的政治思想卻是繼續提升當中。欠缺政治思想的國民，無異於唐虞三代之愚民，對國家社會勢必毫無丹心可言！因此福澤諭吉認爲政治思想必須成爲一般國民的基本教養，即使多數國民並非政治人物。

另一方面，維新以後政治人物經常利用教育現場評論政治，師生之間透過主義、政談表達好惡。政治氣風渲染了政界以外的場域，人間萬事皆因政黨思惟而有敵我之分，政黨人士必須攏絡工商業界，而醫師看診、寺院法會皆須了解相關人員的黨派背景，這種奇特現象，顯然有違社會親睦、人類相愛之大義。而活躍於政界者，衣食豐腴，出仕入仕皆受人敬重，以致青年學子振臂拋書，不再螢雪苦讀，唯漫談政治即可，其問題關鍵在於學界亦受制於政黨思惟左右，年輕學子無所適從，亦難在學界找到棲身處所。

福澤諭吉認爲鎮撫人心之前提，必先安其身，安身則安心。以皇室之預算維持民營學校的運作，兼表達對學者的尊崇。開此先例，世間貴學問之風亦成，學者始能安身立命，自然不爲政壇波瀾而所動。福翁試爲學者找到安身之處，不再喋喋於政談，而撰寫〈學問之獨立〉一篇，以下茲將福澤諭吉之於〈學問之獨立〉附載於後，以爲參考。[13]

13 引自「青空文庫」電子圖書館http://www.aozora.gr.jp/cards/000296/files/46684_26527.html（二〇一七年七月十日），二〇〇七年四月四日。

〈学問の独立〉

学問も政治も、その目的を尋ぬれば、ともに一国の幸福を増進せんとするものより外ならずといえども、学問は政治に非ずして、学者は政治家に異なり。けだしその異なるゆえんは何ぞや。学者の事は社会今日の実際に遠くして、政治家の働は日常人事の衝にあたるものなればなり。これをたとえば、一国はなお一人の身体の如くにして、学者と政治家と相ともにこれを守り、政治家は病にあたりて治療に力を用い、学者は平生の摂生法を授くる者の如し。開闢以来今にいたるまで、智徳ともに不完全なる人間社会は、一人の身体いずれの部分か必ず痛所あるものに異ならず。治療に任ずる政治家の繁忙なる、もとより知るべし。然るに学者が平生より養生の法を説きて社会を警むることあれば、あるいはその病を未発に防ぎ、あるいはたとい発病に及ぶも、大病にいたらずして癒るを得べし。すなわち間接の働にして、学問の力もまた大なりというべし。

過日、『時事新報』の社説にもいえる如く（一月一一日社説）、我が開国の初め攘夷論の盛なる時にあたりても、洋学者流が平生より西洋諸国の事情を説きて、あたかも日本人に開国の養生法を授けたるに非ずんば、我が日本は鎖国攘夷病に斃れたるやも計るべからず。学問の効力、その洪大なることかくの如しといえども、その学者をしてただちに今日の事にあたらしめんとするも、あるいは実際の用をなさざること、世界古今の例に少なからず。攝生學専門の医師にして当病の治療に活溌ならざるものと一様の道理ならん。

されば、学問と政治とはまったくこれを分離して相互に混同するを得せしめざること、社会全面の便利にして、その双方の本人のためにもまた幸福ならん。西洋諸国にても、執政の人が文学の差図して世の害をなし、有名なる碩學が政壇に上りて人に笑われたるの例もあり。また、我が封建の諸藩において、老儒先生を重役に登用して何等の用もなさず、かえって藩士のために不都合を起して、その先生もついに身を喪したるもの少なからず。ひっきょう、摂生法と治療法と相混じたるの罪というべきものなり。

学問と政治と分離すること、国のためにはたして大切なるものなりとせば、我が輩は、今の日本の政治より今の日本の学問を分離せしめんことを祈る者なり。すなわち文部省及び工部省直轄の学校を、本省より離別することなり。そもそも維新の初には百事皆創業にかかり、これは官に支配すべき事、それは私に属すべきものと、明らかに分界を論ずる者さえなくして、新規の事業は一切政府に帰し、工商の細事にいたるまでも政府より手を出だすの有様なれば、学校の政府に属すべきはむろんにして、すなわち文部・工部にも学校を設立したるゆえんなれども、今や十六年間の政事、次第に整頓するの日にあたりて、内外の事情を照し合せ、欧米文明国の事実を参考すれば、我が日本国において、政府がただちに学校を開設して生徒を集め、行政の官省にてただちにこれを支配して、その官省の吏人たる学者がこれを教授するとは、外国の例にもはなはだ稀にして、今日の時勢に少しく不都合なるが如し。

もとより学問の事なれば、行政官の学校に学ぶも、またいずれの学問所に学ぶも同様なるべきに似たれども、政治社会の実際において然らざるものあり。けだし国の政事は、前にもいえる如く、今日の人事にあたりて臨機応変の処分あるべきものにして、たとえば饑饉には救恤の備えをなし、外患には兵馬を用意し、紙幣下落すれば金銀貨を求め、貿易の盛衰をみては関税を上下する等、俗言これを評すれば掛引の忙わしきものなるがゆえに、もしも国の学校を行政の部内に入るるときは、その学風もまた、おのずからこの掛引のために左右せらるるなきを期すべからず。掛引は日夜の臨機応変にして、政略上にもっとも大切なる部分なれば、政治家の常に怠るべからざる事なれども、学問は一日一夜の学問に非ず、容易に変易すべからざるなり。

もとより今の文部省の学制とても、決して政治に関係するに非ず。その学校の教則の如き、我が輩の見るところにおいて大なる異論あるなし。徳育を重んじ智育を貴び、その術学、たいがい皆、西洋文明の元素にとりて、体育養生の法にいたるまでも遺すところなきは、美なりというべしといえども、いかんせん、この美なる学制を施行する者が、行政官の吏人たるのみならず、ただちに生徒に接して教授する者もまた吏人にして、かつ学校教場の細事務と一般の気風とは学則中に記すべきにも非ざれば、その気風精神のよりて生ずる源は、これを目下の行政上にとらざるをえず。而してその行政なるものは、全体の性質において遠年に持続すべきものに非ず。また、持続してよろしからざるものなれば、政治の針路の変化するにしたがいて、学校の気風精神もまた変化せざるをえず。学問の本色に背くものというべし。

これを要するに、政治は活溌にして動くものなり、学問は沈深にして静なるものなり。静者をして動者と歩をともにせしめんとす、その際に弊を見るなからんとするも得べからず。たとえば、青年の学生にして漫に政治を談じ、または政談の新聞紙等を読みて世間に喋喋するは、我が輩も好まざるところにして、これをとどむるはすなわち静者をして静ならしめ、学者のために学者の本色を得せしめんとするの趣意なれども、もしもこれをとどむる者が行政官吏の手より出ずるときは、学者のためにするにかねてまた、行政の便利のためにするの嫌疑なきを得ず。

然るに行政の性質はもっとも活溌にして、随時に変化すべきがゆえに、一時、静を命ずるも、また時として動を勧むるなきを期すべからず。あるいは他の動者に反対して静を守るの極端は、己れ自から静の境界をこえて、反動の態に移るなきを期すべからず。ひっきょう、学問と政治と相密着するの余弊ならん。我が輩がその分離を祈るゆえんなり。

学問と政治と密着せしむるの不利は、ひとり我が輩の発明に非ず。古来、我が日本国において、その理由趣旨を明言したる者こそなけれども、実際においてその趣旨の行われたるは不思議なりというべし。往古の事はしばらくさしおき、徳川の時代において中央政府はむろん、三百藩にも儒臣なる者を置き、子弟の教育を司るの慣行にして、これを尊敬せざるには非ず、藩主なおかつ儒臣に対しては師と称するほどのことにして、栄誉少なからずといえども、そのこれを尊ぶや、ただ学問上に限るのみにして、政治に関してはかつて儒臣の喙をいれしめず、はなはだしきはこれ長袖の身分と称して、神官、僧侶、医師の輩と同一視して、政庁に入れざるのみならず、他士族と歯するを許さざるの風なりき。

徳川の儒臣林大學頭は、世世大学頭にして、その身分は、老中、若年寄の次にして旗下の上席なれども、徳川の施政上に釐毫の権力を持たず、あるいは国家の大事にあたりては、大政府より諮詢のこともあれども、ただ顧問にとどまるのみ。けだしその然るゆえんは、武人の政府、文を軽んずるの弊などとて、嘆息する者もありしかども、我が輩の所見はまったくこれに反し、政府の文武にかかわらず、子弟の教育を司る学者をして政事に参与せしむるは国の大害にして、徳川の制度・慣行こそ當を得たるものと信ずるなり。

当時もしも大学頭をして実際の行政官たらしめんか、林家の党類ははなはだ多くして、いずれも論説には富む者なれば、政府の中にたちまち林家の一政党をなし、而してその党類の力、よく全国を圧倒するには足らずして、かえって反対の敵を生じ、林家支配の官立学校にて政談の主義はかくの如し、これを実際に施したる政府の針路は云々と称すれば、都下の家塾はむろん、地方にも藩立・私立の学校も盛なれば、あるいは林家に従属し、あるいはこれに反対し、学問の談論よりただちに政治の主義に推し及ぼして、ただに中央政府中の不和のみならず、あるいは全国の変乱にいたるも計るべからざりしに、徳川政府の始終、かつてその弊害を見ざりしは、ひっきょうするに、教育の学者をして常に政治社外にあらしめたるの功徳といわざるをえざるなり。

人、あるいはいわく、学問と政治とはもとより異なり、異なるがゆえに、学問所に政談を禁じて、多く政治の書を読ましめざるなり、その制法・規則さえ定まれば、二者の分界明白にして人を誤ることなし、との説あれども、ただ説にいうべくして、教育の実際に行わるべからざるの言なり。たとい、いかなる法則を設けて学問所を検束するも、いやしくもその教育を支配する学頭にして行政部内の人なれば、教育を受くる学生を禁じて政治の心なからしめんとするは、難易を問わずしてまずそのよくすべからざるを知るべし。

あるいは生徒を教訓警戒して、政談に喋々するなかれ、世上に何々を談ずる者あり、何々に熱心する者あり、はなはだ心得違なればこれにならうなかれと禁ずれば、その禁止の言葉の中におのずから他の党派に反対してこれを嫌忌するの意味を含有するがゆえに、たといこれを禁じ了るも、その学生の一類は、かの禁止の言中、おのずから政治の意味あるを知る者なれば、ただ口にこそ政を談ぜざれども、その成跡はあたかも政談を談ぜざるの政党たるべきのみ。

元来政治の主義・針路を殊にするは、異宗旨の如きものにして、たとえば今、法華宗の僧侶が衆人に向いて、念仏を唱うるなかれというのみにて、あえて自家の題目を唱えよと勧むるには非ざるも、その念仏を禁ずるの際に、法華宗に教化せんとするの意味は十分に見るべきが如し。結局、学校の生徒をして政治社外に教育せんとするには、その首領なる者が、真実に行政の外にありて、中心より無偏・無党なるに非ざれば、かなわざることと知るべし。真実に念仏を禁じて仏法の念なからしめんと欲せば、念仏も禁じ題目も禁ずるか、または念仏も題目も、ともに嫌忌せずして勝手に唱えしめ、ただ一身の自家宗教を信ぜずして、これを放卻するの外に方略あるべからず。

首領の心念と地位と、実に偏党なきにおいては、その学校に何の書を読み何事を談ずるも、なんらの害をもなさざるのみならず、学問の本色において、社会の現事に拘泥することなくして、目的を永遠の利害に期するときは、その読書談論は、かえって傍観者の品格をもって、大いに他の実業家を警しむるの大効を奏するに足るべし。前にいえる林家及びその他の儒流、なお上りて徳川の初代にありては天海僧正の如き、かつて幕政に関せずして、かえって時として大いに政機を助けたるは、決して偶然に非ざるなり。

これに反して、支那の趙宋において学者の朋党、近世日本の水戸藩において正党奸党の騒乱の如きは、いずれも皆、教育家にして国の行政にあずかり、学校の朋党をもって政治に及ぼし、政治の党派論をもって学校の生徒を煽動し、ついにその余毒を一国の社会に及ぼしたるの悪例なり。教育の首領たる者が学校の生徒を左右するにあたりては、もとよりその首領の意見次第にて、他の学校と主義を殊にして、学派の同じからざることもあらん、はなはだしきは相互に敵視することもあらんといえども、政事に関係せざる間はただ学問上の敵対にして、武術の流儀を殊にし、書画の風を殊にするものにひとしく、毫も世の妨害たらざるのみならず、かえって競争の方便たるべしといえども、いやしくもその学派をして政治上の性質を帯びしむるときは、沈静の色はたちまち変じて苛烈活動の働を現わし、その禍のいたるところ、実に測量すべからざるものあり。経世家のあくまでも注意用心すべきところのものなり。

我が国においても数年の後には国会を開設するとのことにして、世上には往々政党の沙汰もあり。国会開設の後には、いずれ公然たる党派の政治となることならんか。かつて日本に先例もなきことなれば、開設後の事情は今より臆測すべからざるところなれども、政事の主義については、色々に仲間をわかちてずいぶん喧しきことならん。あるいは政府が随時に交代すること、西洋諸国の例の如くならんか。たとえあるいは交代せざるにもせよ、また交代するにもせよ、政の針路は随時に変更せざるをえず。然る時にあたりて、全国の学校はその時の政府の文部省に附属し、教場の教員にいたるまでも政府の官吏にして、政府の針路一変すれば学風もまた一変するが如き有様にては、天下文運の不幸これより大なるはなし。

たとえば政府の当局者が、貿易の振わずして一両年間輸出入の不平均なるを憂い、これは我が国人が殖産工商の道に迂闊なるがゆえなり、工業起さざるべからず、商法講ぜざるべからずとて、しきりにこれを奨励して、後進の青年を商工の一方に教育せんとするその最中に、外国政治上の報告を聞けば、近来はなはだ穏ならず、欧洲各国の形勢云々なるのみならず、近く隣国の支那において、大臣某氏が政権をとりて、その政略はかくの如し、あるいは東洋全面の風波も計るべからず、不虞に予備するは廟算の極意にして、目下の急は武備を拡張して士気を振起するにあり、学校教育の風も文弱に流れずして尚武の気を奨励することそ大切なれとて、その針路に向うときは、さきに工芸商法を講習してまさに殖産の道を学ばんとしたる学生も、たちまち經濟書を廃して兵書を読み、筆を投じて戎軒を事とするの念を発すべし。

少年の心念、その軟弱なること杞柳の如く、他の指示するところにしたがいて変化すること、はなはだやすし。而してその指示の原因はいずれよりすと尋ぬるに、一両年間、貿易輸出入の不平均か、もしくは隣国一大臣の進退にすぎず。内国貿易の景況、隣国交際の政略、当局の政治家においては実に大切にして等閒に附すべからざるものなれども、これがために所期百年の教育上に影響を及ぼすとは憐むべき次第ならずや。かく政治と学問と密着するときは、甲者の変勢にさいして常に乙者の動揺を生じ、その変いよいよはなはだしければその余波もまた、いよいよ劇なり。

ここに一例をあぐれば、旧幕府の時代、江戸に開成学校なるものを設立して学生を教育し、その組織ずいぶん盛大なるものにして、あたかも日本国中洋学の中心とも称すべき姿なりしが、一朝幕政府の顛覆に際して、生徒教員もたちまち四方に散じて行くところを知らず、東征の王師、必ずしも開成校を敵としてこれを滅さんとするの意もなかりしことならんといえども、学者の輩がかくも狼狽して、一朝にして一大学校を空了して、日本国の洋学が幕府とともに廃滅したるは何ぞや。開成校は幕政府中の学校にして、時の政治に密着したるがゆえなり。

語をかえていえば、開成校は幕府政党にくみして、その生徒教員もおのずからその党派の人なりしがゆえなり。この輩が学者の本色を忘却して世変に眩惑し、目下の利害を論じて東走西馳に忙わしくし、あるいは勤王といい、また佐幕と称し、学者の身をもって政治家の事を行わんとしたるの罪なり。

当時もしこの開成校をして幕府の政権を離れ、政治社外に逍遙して真実に無偏・無党の独立学校ならしめ、その教員等をして真実に豪胆独立の学者ならしめなば、東征の騒乱、何ぞ恐るるに足らんや。弾丸雨飛の下にも、の声を断たずして、学問の命脈を持続すべきはずなりしに、学校組織の不完全なると学者輩の無気力なるとにより、ついに然るを得ずして、見るに忍びざるの醜体を呈し、維新の後、ようやく文部省の設立に逢うて、辛うじて日本の学問を蘇生せしめ、その際に前後数年を空しゅうしたるは、学問の一大不幸なりと断言して可なり。もとより今の政府は旧幕府に異なり、騒乱再来すべきに非ざるは無論なれども、政治と学問と附着して不利なるは、政の良否にかかわらず、古今欺くべからざるの事実と知るべし。

また、維新の初に、神道なるものは日本社会のためにいかなる事をなしたるかを見よ。その功徳未だ現われずして、まず廃仏の議論を生じ、その成跡は神仏同居を禁じ、僧侶の生活を苦しめ、信者の心を傷ましめ、全国神社・仏閣の勝景美観を破壊して、今日の殺風景をいたしたるのみ。そもそも神道なるものは、我が輩の知らざるところなれども、一種の学問ならんのみ。

いやしくも学問とあれば、おのずから主義の見るべきものあるは無論なるがゆえに、その学問の主義をもって他の学流と競争するも可なり、相互に敵視するも可なり。政治に密着せざる間は、ただその学流自然の力に任して、おのずから強弱の帰するところあるべきはずなるに、王政維新の際において、大いに政府に近づき、その政権に依頼したるがために、とみに活動をたくましゅうし、その学問に不相当なる大変動を生じて、日本国の全面に波及したるは、これまた学問と政治と附着したるの弊害というべし。

右等は維新前後の大事変なれども、大変の時勢はしばらくさしおき、平時といえども、世の政談の熱度、次第に増進すれば、その気はおのずから学校に波及して、校中多少の熱を催おすべきは、自然の勢においてまぬかれ難きことならん。全国の学校を行政官に支配し、また行政官の手をもってその教授を司どり、かえりみて各地方の政治家を見れば、時の政府と意見を殊にして、これに反対する者あるの場合においては、その反対の働は、単に政治の事項にとどまらずして、行政部内にある諸学校にまで及ぼして、本来無辜の学問に対して無縁の政敵を出現するにいたるべし。

すでに今日にありても、学校の教員等を採用するに、その政治の主義いかんを問うて、何々政党に縁ある者は用い難しと、きわめて窮窟なることをいう者あれば、また一方には小学の教員を雇うに、何某はいずれの政談演説会に聴衆の喝采を得たる人物なれば、少しくその給料を豊にしてこれを遇すべしとて、学識の深浅を問わずして、小政談の巧拙をもって品評を下す者あり。双方ともに政治の熱心をもって学校を弄ぶものというべし、双方ともに学問のために敵を求むるものというべし。

元来学問は、他の武芸または美術等にひとしく、まったく政治に関係を持たず、如何なる主義の者にても、ただその学術を教授するの技倆ある者にさえあれば、教員として妨なきはずなるに、これを用うるに、その政治上の主義如何を問い、またその政談の巧拙を評するが如きは、今日こそ世人の輕輕看過するところならんといえども、その実は恐るべき禍乱の徴候にして、我が輩は天下後日の世相を臆測し、日本の学問は不幸にして政治に附着して、その惨状の極度はかの趙末、旧水戸藩の覆轍に陥ることはなかるべきやと、憂苦に堪えざるなり。

されば今日この禍を未然に防ぐは、実に焦眉の急にして、決して怠るべからざるものならん。その法いかにして可ならんというに、我が輩の持論は、今の文部省または工部省の学校を、本省より分離して一旦帝室の御有となし、さらにこれを民間の有志有識者に附与して、共同私有私立学校の體をなさしめ、帝室より一時巨額の金円を下附せられて永世保存の基本を立るか、また、年々帝室の御分量中より、学事保護のためにとて定額を賜わるか、二様の内いかようにもすべきなれども、一時下附の法もはなはだ難事に非ず。

たとえば、目今、本省にてその直轄学校のために費すところ、毎年五十万円なれば、資金五百万円を一時に下附してその共同の私有金となし、この金をもって実価五百万円の公債証書を買うて、これを政府に預け、年々およそ五十万円の利子を収領すべし。名は五百万円を下附すというも、その実は現金を受授するに非ず、大蔵省中貯蓄の公債証書に記名を改るのみ。また、この大金を人民に下附するとはいえども、その人の私に恵与するに非ざるはむろんにして、私の字に冠するに共同の字をもってすれば、もとより一個人の私すべからざるや明らかなり。

私立学校はすでに五百万円の資金を得て、維持の法ははなはだやすし。ここにおいてなお、全国の碩學にして才識徳望ある人物を集めて、つねに学事の会議を開き、学問社会の中央局と定めて、文書学芸の全権を授け、教育の方法を議し、著書の良否を審査し、古事を探索し、新説を研究し、語法を定め、辞書を編成する等、百般の文事を一手に統轄し、いっさい政府の干渉を許さずして、あたかも文権の本局たるべし。

在昔、徳川政府勘定所の例に、旗下の士が廩米を受取るとき、米何石何斗と書く米の字は、その竪棒を上に通さずして俗様に（「＊」の縦棒の上半分を取ったもの、一〇二―五）と記すべき法なるを、ある時、林大学頭より出したる受取書に、楷書をもって尋常に米と記しければ、勘定所の俗吏輩、いかでこれを許すべきや、成規に背くとて却下したるに、林家においてもこれに服せず、同家の用人と勘定所の俗吏と一場の争論となりて、ついに勘定奉行と大学頭と直談の大事件に及びたるときに、大学頭の申し分に、日本国中文字のことは拙者一人の心得にあり、米は米の字にてよろしとの一言にて、政府中の全権と称する勘定奉行も、これがために失敗したりとの一話あり。右は事実か、あるいは好事家の作りたる奇話か、これを知るべからずといえども、林家に文権の帰したる事情は、推察するに足るべし。

　今日は時勢もちがい、かかる奇話あるべきようもなしといえども、もしも幸にして学事会の設立もあらば、その権力は昔日の林家の如くならんこと、我が輩の祈るところなり。また、学事会なるものが、かく文事の一方について全権を有するその代りには、これをして断じて政事に関するを得せしめず、如何なる場合においても、学校教育の事務に関する者をして、かねて政事の権をとらしむるが如きは、ほとんどこれを禁制として、政権より見れば、学者はいわゆる長袖の身分たらんこと、これまた我が輩の祈るところにして、これを要するに、学問をもって政事の針路に干渉せず、政事をもって学問の方向を妨げず、政事と学権と両立して、両ながら、その処を得せしめなば、政を施すにも易く、学を勉むるにも易くして、双方の便利、これより大なるものなかるべしと信ずるものなり。

右の如くして、文部省はまったく廃するに非ず、文部省は行政官にして、全国の学事を管理するに行政の権力を要するもの、はなはだ少なからず。たとえば、各地方に令して就学適齢の人員を調査し、就学者の多寡をかぞえ、人口と就学者との割合を比例し、または諸学校の地位・履歴、その資本の出処・保存の方法を具申せしめ、時としては吏人を地方に派出して諸件を監督せしむる等、すべて学校の管理に関する部分の事は、文部省の政権に非ざれば、よくすべからず。いわんや強迫教育法の如き、必ず政府の権威によりてはじめて行わるべきのみ。

ただし我が輩はもとより強迫法を賛成する者にして、全国の男女生れて何歳にいたれば必ず学につくべし、学につかざるをえずと強いてこれに迫るは、今日の日本においてはなはだ緊要なりと信ずれども、その学問の風をかくの如くして、その教授の書籍は何を用いて何を読むべからずなどと、教場の教授法にまで命令を下すが如きは、また事のよろしからざるものと信ず。これを要するに、学問上の事は一切学者の集会たる学事会に任し、学校の監督報告等の事は文部省に任して、いわば学事と俗事と相互に分離し、また相互に依頼して、はじめて事の全面に美をいたすべきなり。

たとえば海陸軍においても、軍艦に乗りて海上に戦い、馬に跨て兵隊を指揮するは、真に軍人の事にして、身みずから軍法に明らかにして実地の経験ある者に非ざれば、この任に堪えず。されども海陸軍、必ずしも軍人のみをもって支配すべからず。軍律の裁判には、法学士なかるべからず。患者のためには、医学士なかるべからず。

行軍の時に、輜重・兵糧の事あり。平時にも、もとより会計簿記の事あり。その事務、千緒萬端、いずれも皆、戦隊外の庶務にして、その大切なるは戦務の大切なるに異ならず、庶務と戦務と相互に助けて、はじめて海陸軍の全面を維持するは、あまねく人の知るところならん。

然らばすなわち全国学問の事においても、教育の針路を定めて後進の学生を導き、文を教え芸学を授くる者は、必ず少年の時より身みずから教育を受けて、また他人を教育し、教場実際の経験ある者にして、はじめてその任にあたるべし。すなわち学者をして学問教育の事を司らしむべきゆえんなれども、また一方より見れば、全国の教育事務はひとり学者のみに任すべからず。これを管理してその事を整斉せしむるには、行政の権力を用いて、いわゆる事務家の働に依頼せざるをえず。

学者が政権によりて学問を人に強いんとし、事務家が学問の味を知らずして漫にこれを支配せんとするは、軍人が海陸軍の庶務をかねて、庶務の吏人が戦陣の事を差図せんとするに異ならず。兩ながら労して効なきのみならず、かえって全国の成跡を妨ぐるに足るべきのみ。海陸軍の医士、法学士、または会計官が、戦士を指揮して操練せしめ、または戦場の時機進退を令するの難きは、人皆これを知りながら、政治の事務家が教育の法方を議し、その書籍を撰定し、または教場の時間、生徒の進退を指令するの難きを知らざる者あらんや。我が輩の開陳するところ、必ずしも妄漫ならざるを許す者あるべしと、あえて自からこれを信ずるなり。

帝室より私学校を保護せらるるの事については、その資金をいかんするやとの問題もあれども、この一条はもっとも容易なることにして、心を労するに足らず。我が輩の持論は、今の帝室費をはなはだ不十分なるものと思い、大いにこれを増すか、または帝室御有の不動産にても定められたきとのことは、毎度陳述するところにして、もしも幸にして我が輩の意見の如くなることもあらば、私学校の保護の如き、全国わずかに幾十万円をもって足るべし。

あるいは一時巨額の資本を附与せらるるとて、また、ただ幾百万円の金を無利足にして永代貸下ぐるの姿に異ならず。決して帝室の大事と称すべきほどのものに非ず。あるいは今の政府の財政困難にして、帝室費をも増すにいとまあらずといわんか。極度の場合においては、国庫の出納を毫も増減せずして、実際の事は挙行すべし。

その法、他なし、文部省、工部省の学校を分離して御有となすときは、本省においては、従来学校に給したる定額を省くべきは当然の算数にして、この定額金は必ず大蔵省に帰することならん。大蔵省においては期せずして歳出を減じたることなれば、その金額をもってただちに帝室費を増加し、帝室はこの増額をもって学校保護の用にあてられたらば、さらに出納の実際に心配なくして事を弁ずること、はなはだ容易なるべし。ただに実際に心配なきのみならず、学校の官立なりしものを私立に変ずるときは、学校の当局者は必ず私有の心地して、百事自然に質素勤倹の風を生じ、旧慣に比して大いに費用を減ずべきはむろん、あるいはこれを減ぜざれば、旧時同様の資金をもってさらに新たに学事を起すに足るべし。今の官立校とて、いたずらに金円を浪費乱用するというには非ざれども、事の官たり私たるの別によりて、費用もまたおのずから多少の差あるは、社会にまぬかれざるところにして、世人の明知する事実なれば、今回もし幸にして官私の変革あらば、国庫より見て学校の資本は必ず豊なるをさとることならん。

またあるいは人の説に、官立の学校を廃して共同私立の體に変じ、その私立校の総理以下教員にいたるまでも、従前、官学校に従事したる者を用い、学事会を開きて学問の針路を指示するが如きは、はなはだ佳しといえども、その総理教員なる者は、以前は在官の栄誉を辱うしたる身分にして、にわかに私立の身となりては、あたかも栄誉を失うの姿にして、心を痛ましむるの情実あるべしというものあり。

我が輩ひと通りの考にては、この言はまったく俗吏論にして、学者の心念を知らざるものなりと一抹し去らんとしたれども、また退いて再考すれば、学者先生の中にもずいぶん俗なる者なきに非ず、あるいは稀には何官・何等出仕の栄をもって得得たる者もあらん。然りといえども、学者中たといこの臭気の人物ありとするも、これを処することまた、はなはだ易し。まず利禄をもっていえば、学校の官私を問わず、俸給はいぜんとして舊の如くなるべし。また、利禄をさりて身分の一段にいたりては、帝室より天下の学者を網羅してこれに位階勲章を賜わらば、それにて十分なるべし。

　そもそも位階勲章なるものは、ただ政府中に限るべきものに非ず。官吏の辞職するは政府を去るものなれども、その去るときに位階勲章を失わず、あるいは華族の如き、かつて政府の官途に入らざるも必ず位階を賜わるは、その家の栄誉を表せらるるの意ならん。されば位階勲章は、官吏が政府の職を勤むるの労に酬いるに非ずして、ただ普通なる日本人の資格をもって、政府の官職をも勤むるほどの才徳を備え、日本国人の中にて抜群の人物なりとて、その人物を表するの意ならん。官吏の内にても、一等官の如きはもっとも易からざる官職にして、尋常の才徳にては任に堪え難きものなるに、よくその職を奉じて過失もなきは、日本国中稀有の人物にして、その天稟の才徳、生来の教育、ともに第一流なりとて、一等勲章を賜わりて貴き位階を授くることならん。

　されば官吏が職を勤むるの労に酬いるには月給をもってし、数をもっていえば、百の労と百の俸給とまさしく相対して、その有様はほとんど売買の主義に異ならず。この点より論ずるときは、仕官もまた営業渡世の一種なれども、俸給の他に位階勲章をあたうるは、その労力の大小にかかわらず、あたかも日本国中の人物を排列してその段等を区別するものにして、官途にはおのずから抜群の人物多きがゆえに、位階勲章を得る者の数も官途に多きゆえんなり。政府の故意にして、ことさらに官途の人のみにこれをあたうるに非ず、官職の働はあたかも人物の高低をはかるの測量器なるがゆえに、ひとたび測量してこれを表するに位階勲章をもってして、その地位すでに定まるときは、本人の働は何様にてもこれに関することなく、地位は生涯その身につきて離れざるものなり。すなわち、辞職の官吏も、その位階勲章をば生涯失うことなきを見て、これを知るべし。

位階勲章はただちに帝室より出ずるものにして、政府吏人の毫もあずかり知るべきものに非ず。而してその帝室は日本国全体の帝室にして、政府一局部の帝室に非ず。帝室もとより政府に私せず。政府もとより帝室を私せず。無偏・無党の帝室は、帝国の全面を照らして、そのいずれに厚からず、またいずれに薄からず、帝室より降臨すれば、政治の社会も学問の社会も、宗旨も道徳も技芸も農商も、一切万事、要用ならざるものなし。いやしくもこれらの事項について抜群の人物あれば、すなわちこれを賞してその抜群なるを表す。位階勲章の精神は、けだしここにあって存するものならん。

人間社会の事は千緒萬端にして、ただ政治のみをもって組織すべきものに非ず。人の働もまた、千緒万端に分別してこれに応ぜざるべからず。すなわち人事の分業分任なり。すでにこれを分てこれに任ずるときは、おのおの長ずるところあるべきは自然の理にして、農商の事に長ずるものあり、工芸技術に長ずるものあり、あるいは学問に長じ、あるいは政治に長ずる等、相互に争うべからざるものあるがゆえに、この事に長ずるものは、この事の長者としてこれを貴び、その業に長ずる者は、その業の長者としてこれに最上の栄誉をあたうるもまた、自然の理において許すべきものなり。たとえば大関が相撲最上の長者なれば、九段は碁将棋最上の長者にして、その長者たるや、一等官が政事の長者たるに異ならざるなり。

されば、生れながらにして学に志し、畢生の精神を自身の研究と他人の教導とに用いて、その一方に長ずる者は、学問社会の長者にして、これまた一等官が政事の長者たるに異ならざるや、もとより明白なり。而してその相撲の大関または碁将棋の九段なる者が、太政大臣と同一様の栄誉を得ざるは何ぞや。相撲と碁将棋とは、その事柄において、これを政事に比して軽重の別あるがゆえに、その軽重の差にしたがいて、双方の長と長と比肩するを得ざるものなりといえども、今一国文明の進歩を目的に定めて、政事と学事と相互に比較したらば、いずれを重しとし、いずれを軽しとするは、判断においてはなはだ難き事ならん。

学者をして学問の貴きを説かしめたらば、政事の如きは小児の戯にして論ずるに足らざるものなりといい、政事家もまた学問を蔑視して、実用に足らざる老朽の空論なりとすることならんといえども、これはいわゆる双方の偏頗論にして、公平にいえば、政事も学問もともに人事の至要にして、双方ともに一日も空しゅうすべからず。政事は実際の衝にあたって大切なり。学問は永遠の大計を期して大切なり。政事は目下の安寧を保護して学者の業を安からしめ、学問は人を教育して政事家をも陶冶し出だす。双方ともに毫も軽重あることなしとの裁判にて、双方に不平なかるべし。

一国文明のために学問の貴重なること、すでに明らかなれば、その学問社会の人を尊敬してこれに位階勲章をあたうるは、まことに尋常の法にして、さらに天下の耳目を驚かすほどの事に非ず。すなわち学問社会上流の人物は、政事社会上流の人物と、正しく同等の地位に立ちて毫も軽重あるべからず。ただ、相互にその事業を干渉せざるのみ。

朝廷には位を貴び、郷党には齢を貴ぶというは、政府の官職貴きも、これをもって郷党民間の交際を軽重するに足らずとの意味ならん。いわんや学問社会に対するにおいてをや。政府の官途に奉職すればとて、その尊卑は毫も効なきものと知るべし。仏蘭西の大学校にて、第一世ナポレオンはその学事会員たるを得たれども、第三世ナポレオンはついにこれを許されざりしという。同国にて学権の強大なること、もって証すべし。

我が日本国にても、政府の官職はただ在職中の等級のみにて、このほかに位階勲章の制を立てず、尊卑はただ政府中、官吏相互の等級にして、かつて政府外に通用せざるものなれば、私の会社中に役員の等級あるが如くにして、他に影響すること少なからんといえども、いやしくもその人の事業にかかわらずして、その身を軽重するの法あるからには、その法は須らく全国人民に及ぼして、政府の内と外とに差別するところあるべからざるなり。官吏も日本政治社会の官吏なり、学者も日本学問社会の学者なり。その事業こそ異なれども、その人物の軽重にいたりては、毫も異なることなくして、ただ偶然にこの人物が学問に志して学者の業に安んずるがゆえに、その身のめに、利禄にかねて栄誉を得るとは、かの人物が偶然に仕官に志して官吏の業につきたるがために、利禄にかねて栄誉を得るとは、人事の公平なるものというべからず。

もとより高尚なる理論上よりいえば、位階勲章の如き、まことに俗中の俗なるものにして、歯牙にとどむべきに非ずといえども、これはただ学者普通の公言にして、その実は必ずしも然らず。真実に脱俗して栄華の外に逍遙し、天下の高処にありて天下の俗を睥睨するが如き人物は、学者中、百に十を見ず、千万中に一、二を得るも難きことならん。いわんや日本国中栄誉の得べきものなければ、すなわち止まんといえども、等しく国民の得べきものにして、かれはこれを得て、これは得ずとあれば、ことさらに辱しめらるるの念慮なきを得ず。これをも忍びて塵俗の外に悠々たるべしとは、今の学者に向って望むべからざることならんのみ。

右の次第にて、学者の栄誉を表するがために位階勲章を賜わるは、まことに尋常の事にして、政府の官吏にのみこれを賜わるの多きこそ、かえって人の耳目を驚かすべきほどの次第なれば、今回幸にして行政官直轄の諸学校を私立の體に改革せられたらば、その教員の輩はもとより無官の人民なれども、いずれも皆少小の時より学に志して、自身を研き他を教育するの技倆ある人物にして、日本国中、学問の社会においては、長者先進と称すべき者なるがゆえに、その人物に相当すべき位階勲章を賜わるは事の当然にして、本人等の満足すべきのみならず、またもって帝室の無偏・無党にして、日本国の全面を通覧せられ、政治も学問も同一視し給うとの盛意を示すに足るべきことと信ずるなり。

帝室はすでに日本私立学校の保護者たり。なおこの上に望むところは、天下の学者を撰びて、これに特別の栄誉と年金とをあたえて、その好むところの学芸を脩めしむることなり。近年、西洋において学芸の進歩はことに迅速にして、物理の発明に富むのみならず、その発明したるものを、人事の実際に施して実益を取るの工風、日に新たにして、およそ工場または農作等に用うる機関の類はむろん、日常の手業と名づくべき灌水・割烹・煎茶・点燈の細事にいたるまでも、悉皆学問上の主義にもとづきて天然の原則を利用することを勉めざるはなし。これを要するに、近年の西洋は、すでに学理研究の時代を経過して、方今は学理実施の時代といいて可ならんか。これを形容していえば、軍人が兵学校を卒業して正に戦場に向いたる者の如し。

これに反して我が日本の学芸は、十数年来大いに進歩したりというといえども、未だ卒業せざるのみならず、あたかも他国の調練を調練するものにして、未だ戦場の実地に臨まず。物理、新たに発明するを得ず、その実施の時代にいたるには前途なお遥かなりというべし。たとえば医学の如きは、日本にてその由来も久しく、したがってその術も他の諸科に超越するものなれども、今日の有様を見れば、西洋の日新を逐うて、つねに及ばざるの嘆をまぬかれず。数百年の久しき、日本にて医学上の新発明ありしを聞かざるのみならず、我が国に固有の難病と称する脚氣の病理さえ、なお未だ詳明するを得ず。ひっきょう我が医学士の不智なるに非ず、自家の学術を研究せんとして、その時と資金とを得ざるがためなり。

わずかに医学の初歩を学び得るときは、あるいは官途に奉職し、あるいは開業して病家に奔走し、奉職、開業、必ずしも医士の本意に非ざるも、糊口の道なきをいかんせん。口を湖せんとすれば、学を脩むるの閒なし、学を脩めんとすれば、口を糊するを得ず。一年三百六十日、脩学、半日の閑を得ずして身を終るもの多し。道のために遺憾なりというべし。

（我が輩かつていえらく、打候聴候は察病にもっとも大切なるものなれども、医師の聴機穎敏ならずして必ず遺漏あるべきなれば、この法を研究するには、盲人の音学に精しき者を撰びて、まず健全なる肺臓心臓等の動声を聴かしめ、次第に患者変常のときに試みて、その音を区別せしめたらば、従前医師の耳にて五種に分ちたるものも、盲人の耳にはその一種中を細別して二、三類に分つこともあるべし。すなわち従前の察病法五様なりしものが、五に三を乗じて十五様の手掛りをうべし。この試験、はたして有効のものならば、医学部には必ず音学をもって一課となし、青年学生の聴機穎敏なる時に及びて、これに慣れしめざるべからず。あるいはその俊英なる者は、打候聴候をもって専門の業となして、これを用うるも可ならん。けだし医学の秘密は、これらの注意によりて発明することもあらんと信ず。）

ひとり医学のみならず、理学なり、また文学なり、学者をして閑を得せしめ、また、したがって相当の活計あらしむるときは、その学者は決して懶惰無為に日月を消する者に非ず、生来の習慣、あたかも自身の熱心に刺衝せられて、勉強せざるをえず。而してその勉強の成跡は発明工風にして、本人一個の利益に非ず、日本国の学問に富を加えて、国の栄誉に光を増すものというべし。また、著述書の如きも、近来、世に大部の著書少なくして、ただその種類を増し、したがって發兌すれば、したがって近浅の書多しとは、人のあまねく知るところなるが、その原因とて他にあらず、学者にして幽窓に沈思するのいとまを得ざるがためなり。

けだし意味深遠なる著書は読者の縁もまた遠くして、発兌の売買上に損益あ相償うを得ず、これを流行近浅の雑書に比すれば、著作の心労は幾倍にして、所得の利益は正しくその割合に少なし。大著述の世に出でざるも偶然に非ざるなり。いずれも皆、学問上には憂うべきの大なるものにして、その憂の原因は学者の身に閑なくして家に恒産なきがためなり。ゆえに今、帝室より私学校を保護するに、かねて、学者の篤志なるものを撰び、これに年金をあたえて、その生涯安身の地位を得せしめたらば、おのずから我が学問社会の面目を改めて、日新の西洋諸国に並立し、日本国の学権を拡張して、鋒を海外に争うの勢にいたるべきなり。

財政の一方より論ずれば、常式の官職もなきものへ毎年若干の金をあたうるは不經濟にも似たれども、常式の官員とて必ずしも事実今日の政務に忙わしくする者のみに非ず。政府中に散官なるものありて、その散官の中には学者も少なからず。

たとい、あるいは散官ならざるも、生来文事をもってあたかもその人の体格を組織したる人物は、これを政事に用いてその用をなすに足らず。学者はこれに事を諮問するに適して、これに事を任するに不便利なり。かかる人物を政府の区域中に入れて、その不慣なる衣冠をもって束縛するよりも、等しく銭をあたうるならば、これを俗務外に安置して、その生計を豊にし、その精神を安からしむるに若かず。元老院中二、三の学者あるも、その議事これがために色を添うるに非ず。海陸軍中一、二の文人あるも、戦場の勝敗に関すべきに非ず。あるいは学者文人に諮問の要もあらば、その時にしたがいてこれに問うこと、はなはだ易し。国の大計より算すれば、年金の法、決して不經濟ならざるなり。

帝室より私学校を保護し、学者を優待するは、学問の進歩を助くるのみならず、我が国政治上に関しても大なる便益を呈することならん。そもそも文字の意味を広くしていえば、政治もまた学問中の一課にして、政治家は必ず学者より出で、学校は政談家を生ずるの田圃なれども、学校の業成るの日において、その成業の人物が社会の人事にあたるに及びては、おのおのその赴くところを異にせざるをえず。工たり、商たり、また政治家たり。あるいは学成るもなお学問を去らず、畢生を委ねて学理の研究または教育の事を勉むる者あり。すなわち純然たる学者なり。

されば、工商または政治家は、その所得の学問を人間の実業に利用する者にして、学者は生涯学問をもって業となす者なり。前にもいえる如く、政治の国のために大切なるは、学問の大切なるに異ならず。政治学、日に進歩せざるべからず。国民全体に政治の思想なかるべからず。政談熱心せざるべからず。政事、常に語るべし。国民にして政治の思想なきは、唐虞三代の愚民にして、名は人民なるもその実は豚羊に異ならず。ともに国を守るに足らざるものなれば、いやしくも国を思うの丹心あらんものは、内外の政治に注意せざるべからず。

政治の事、はなはだ大切なりといえども、これは人民一般普通の心得にして、ここに政治家と名づくるものは、一家専門の業にして、政権の一部分を手にとり、身みずから政事を行わんとする者なれば、その有様は、工商がその家業を営み、学者が学問に身を委るに異ならず。これを要するに、国民一般に政治の思想を養えとは、国民一般に学問の心掛けあるべしというに異ならず。人として学問の心掛けは大切なれども、全国の人民、悉皆学者たるべきに非ず。人として政治の思想は大切なれども、全国の人民、悉皆政治家たるべきに非ず。

世人往々この事実を知らずして、政治の思想要用なりといえば、たちまち政治家の有様を想像して、己れ自から政壇にのぼりて政をとるの用意し、生涯政事の事業をもって身を終らんと覚悟するもの多し。学問といえばたちまち大学者を想像して、生涯、書に対して身を終らんとする者あるが如し。その心掛けは嘉みすべしといえども、人々に天賦の長短もあり、家産・家族の有様もあり、幾千万の人物が決して政治家たるべきにも非ず、また大学者たるべきにも非ず。世界古今の歴史を見ても、その事実を証すべきなれば、政治も学問も、その専業に非ざるより以外は、ただ大体の心得にしてやみ、尋常一様の教育を得たる上は、おのおのその長ずるところにしたがい、広き人間世界にいて随意に業を営み、もって一身一家のためにし、またしたがって国のためにすべきなり。

政治も学問も相互にその門を異にして、人事中専門の一課とするときは、各門相互に干渉すべからざるはむろん、おのおの自家の専業を勉めて、相互にかえりみることもなきを要す。政治家たるものが、すでに学問受教の年齢をおわりて、政事に志し、また政事をとるにあたりては、自身に学問の心掛けはもとより怠るべからざるも、学校教育上のことは忘れたるが如くにこれを放却せざるべからず。学者が学問をもって畢生の業と覚悟したるうえは、自身に政治の思想はもとより養うべきも、政壇青雲の志は断じて廃棄せざるべからず。

然るに近日、世間の風潮をみるに、政治家なる者が教育の学校を自家の便に利用するか、または政治の気風が自然に教場に浸入したるものか、その教員生徒にして政の主義をかれこれと評論して、おのずから好悪するところのものあるが如し。政治家の不注意というべし。政治の気風が学問に伝染してなお広く他の部分に波及するときは、人間万事、政党をもって敵味方を作り、商売工業も政党中に籠絡せられて、はなはだしきは医学士が病者を診察するにも、寺僧または会席の主人が人に座を貸すにも、政派の敵味方を問うの奇観を呈するにいたるべし。社会親睦、人類相愛の大義に背くものというべし。

また、一方の学者においても、世間の風潮、政談の一方に向うて、いやしくも政を語る者は他の尊敬を蒙り、またしたがって衣食の道にも近くして、身を起すに容易なるその最中に、自家の学問社会をかえりみれば、生計得べきの路なきのみならず、蛍雪幾年の辛苦を忍耐するも、学者なりとして敬愛する人さえなき有様なれば、むしろ書を擲て一臂を政治上に振うに若かずとて、壮年後進の学生は争うて政治社会に入らざるはなし。その人の罪に非ず。風潮の然らしむるところなり。

今の風潮は、天下の学生を駆りてこれを政治に入らしむるものなるを、世の論者は、往々その原因を求めずして、ただ現在の事相に驚き、今の少年は不遜なり軽躁なり、漫に政治を談じて身の程を知らざる者なりとて、これを咎る者あれども、かりにその所言にしたがいてこれを酔狂人とするも、明治年間今日にいたりてにわかに狂すべきに非ず。その狂や必ず原因あるべし。その原因とは何ぞや。学生にして学問社会に身を寄すべきの地位なきもの、すなわちこれなり。その実例はこれを他に求むるを須たず、あるいは論者の中にもその身を寄する地位を失わざらんがために説を左し、また、その地位を得たるがために主義を右したることもあらん。これを得て右したる者は、これを失えば、また左すべし。何ぞ現在の左右を論ずるに足らんや。自身にしてかくの如し。他人もまたかくの如くなるべし。伐柯其則不遠、自心をもって他人を忖度すべし。

人の心を鎮撫するの要は、その身を安からしむるにあり。安身は安心の術なり。ゆえに今、帝室の保護をもって、私学校を維持せしめてかねてまた学者を優待するの先例を示されたらば、世間にも次第に学問を貴ぶの風を成して、自然に学者安身の地位も生ずべきがゆえに、専業の工たり農商たり、また政治家たる者の外は、学問社会をもって畢生安心の地と覚悟して、政壇の波瀾に動揺することなきを得べし。我が輩かつていえることあり、方今政談の喋喋をただちに制止せんとするは、些少の水をもって火に灌ぐが如し、大火消防の法は、水を灌ぐよりも、その燃焼の材料を除くに若かずと。けだし学者のために安身の地をつくりてその政談に走るをとどむるは、また燃料を除くの一法なり。

《時事新報》一八八三年一月二十日―二月五日

附錄二　中津留別之書

九州大分縣野馬溪青洞門附近有福澤諭吉舊居，鄰近的一處停車場則置放了一幅看板，上面記載如下：

願くは我旧里中津の士民も今より活眼を開て先ず洋学に従事し、自から労して自から食い、人の自由を妨げずして我が自由を達し、脩徳開智、鄙吝（ひりん）の心を却掃し、家内安全天下富強の趣意を了解せらるべし、人誰か故郷を思わざらん、誰か旧人の幸福を祈ざる者あらん

（明治三年庚一一月二十七夜　中津留主居町の旧宅敗窓の下に記す　〈中津留別之書〉）

這是當地「北部校区青少年健全育成協議会」引〈中津留別之書〉[14]的一段，鼓勵年輕人應該修德開智、自立自強，獨立自尊、造福鄉里。〈中津留別之書〉乃一八七〇

14 〈中津留別之書〉（收錄於《福澤諭吉選集》第九卷，岩波書店，東京），一九八一年一月二十六日。

年（明治三）福翁返回故里準備接母親前往東京同住時，留給家鄉父老的一封長信，也爲歷史記下了福澤諭吉立身處世的基本思惟。一八七〇年當時，亦是福澤諭吉完成《西洋事情》的同一年，福翁把三度西航在歐美的所見所聞記錄下來，透過《西洋事情》的出版，介紹給日本社會。其內容包括政治、稅制、國債、紙幣、公司會社、外交、軍事、科技、學校、新聞媒體、文庫、病院、博物館之介紹，兼論法制下的自由保障、學校的人才培育、政治安定下的產業經營、病院的貧病救濟等。而兩年之後的一八七二年（明治五），福澤諭吉則以「天不在人上造人、不在人下造人」爲題，出版了《學問之勸》而帶給近代日本社會人心一大衝擊，並成爲明治初期的首部暢銷書。

而〈中津留別之書〉之所以有其重要性，是因爲該文亦可說是《學問之勸》思考的雛型。其中，最觸動人心的一句，莫過於「只要能自食其力、人就可不受妨礙而得以自由自在（自から労して自から食い、人の自由を妨げずして我が自由を達し）」，自此以後的福澤諭吉給人的形象莫過於「獨立自尊」四字。

而受到一般研究者矚目者莫過於〈中津留別之書〉的撰寫，福澤諭吉當初是打算發文給誰？衆所周知，翌一八七三年（明治四）福澤諭吉辭退新政府的聘任，而把慶應義塾遷移至東京的三田一帶，以經濟學爲中心教育子弟。事實上，該年明治政府力行「廢藩置縣」，[15]面對大時代的翻轉，多數舊士族一夜之間既失勢、又失業。福澤諭吉痛感

15 一八七一年明治政府為求行政一統化，改以府、縣替代過去的幕藩體制，稱之為「廢藩置縣」。

舊士族必須自立更生，接受新時代教育乃當務之急，而慶應義塾的角色扮演則變得相對重要。因此根據金澤大學特聘教授宇野文夫之觀察指稱，〈中津留別之書〉可謂是針對武士之於新時代意圖改頭換面的一篇檄文亦不爲過；抑或是擔心政府的革新政策會引發舊士族的怨懟，迫使幕末維新的混亂局面重現，福翁心中充滿一股「自由」可能遭遇困境的危懼與隱憂。[16]福澤諭吉的憂國憂民，可見一斑。

而〈中津留別之書〉撰寫之後三十年，福澤諭吉試撰寫慶應義塾的道德綱領，於一九〇〇年（明治三十三）完成《修身要領》，其中的第二條則強調身心獨立，人必自重而後人重之，此亦可謂是獨立自尊者。[17]並以「獨立自尊」作爲基本校訓，依金澤大學宇野教授之所見，直至一九〇一年（明治三十四）二月福翁去世爲止，他試著展現出舊士族如何因應新時代而存活的新模式，而其法名「大觀院獨立自尊居士」，更是獨樹一格。

〈中津留別之書〉的內容簡言之，即舊士族面對文明開化的新局面，過去長久以

16 參自宇野文夫〈福澤諭吉の「獨立自尊」〉（「自在コラム」），網址：http://blog.goo.ne.jp/f-uno/e/30a1767f9cbd6d879d737bc5055c71d3（二〇一七年七月十日），二〇二二年十一月二十六日。

17 《修身要領》第二條，原文：心身の独立を全うし自から其身を尊重して人たるの品位を辱めざるもの、之を独立自尊の人と云う。

來作爲立身處世之道的傳統「武士道」思惟，自此之後應如何自處？該文之撰寫宗旨乃意圖教誨子弟，如何正視修身、齊家、治國、平天下的舊思惟。福澤諭吉在該文冒頭開宗明義地一語道破，人之所以稱得上是萬物之靈，即以修德、有智、合群爲始，一身獨立、一家獨立，則是最基本的。

再說何謂「自由」？過去東亞國家對於人性的自由、自主，多不予認同，而一味地以任性視之。自由的本義應該是在不礙他人的前提下，可以自由心證。父子、君臣、夫婦、朋友的關係皆同，互動之間不可以一己心念而制他人之體，畢竟每個人都是獨立個體，在不相妨礙的前提下，秉持人之天性，朝往正向邁進，而不涉獵不當處所。

倘若有超越自由分際，而試圖害人利己者，不僅無益於社會，更犯下違天之罪，是人類社會所不允許的，無論貴賤長幼，足以輕蔑之，即使因而受罰亦不足惜。換言之，人的自由獨立最是重要，然一旦偏離了正道，便無法修德、開智、持家、治國、平天下。即所謂一身獨立、一家獨立、一國獨立、天下獨立，而士農工商之於自由獨立，皆不宜相互妨礙。

人倫之大本乃夫婦是也，先有夫婦，再有親子、兄弟姊妹。神造人之後，自宇宙開闢之始，便有男有女。經數千萬年之後，男女的比例相差無幾，天地之間無論男女，並無輕重之別。然而，中土、日本的古今風俗，男性以數多之婦人爲妻妾，視婦人如下婢、如罪人，且不以爲恥，甚爲膚淺。一家戶長蔑視其妻，其子傚之而輕侮其母，做母親的又如何能管教子弟呢？母親無法管教子弟，一如失恃，無異於孤子。畢竟父親多主外，家庭教育的重任多落在母親身上，如今子弟無人管教，於呼哀哉。

在福澤諭吉的認知中，《論語》記載「夫婦有別」，此處之「別」非指分別之意，而是指有所區別。夫婦之間有其特殊情誼，倘若一如他人之存在，則難持其家。「夫婦有別」的言下之意所指的是男女有別。然而，現下男性多蓄養小妾，本妻之子與小妾之子爲同父異母的兄弟關係，但因男女有別，男性有娶二女之權，女性卻無蓄二夫之理。試問天下男性，倘若家中妻君另愛一夫，即一婦事二夫，戶長能甘心坐視如此現象而不爲所動嗎？或者一如《左傳》之所載，交易妻室。孔子眼見世風日衰而撰寫《春秋》，當時無論夷狄或是中華，褒貶之聲不絕如縷，即使視細君爲交易商品，亦不足爲怪，世間亂象超越吾輩所能想像的。福澤諭吉認爲或許《論語》所記之「夫婦有別」，亦有其他解釋，漢儒專家可能另有其說法。

而孝親行徑是當然爾，全心關注於雙親身上，毫無餘念地勵行孝道。倘若幼年時受父母懷抱約略三年，因此服喪三年即可，如此一一估算的話，則不免流於薄情。福澤諭吉認爲世間多咎責子女的不孝，但卻鮮少有人批判父母之不慈。爲人父母者，對於己出之子，總認爲孩子是自己生的，自己造的，而把他視之爲可換錢的道具，福澤諭吉認爲抱持這種思惟是不對的，畢竟人的生命是來自上蒼的恩賜，因此不可不珍視之。福翁主張把孩子生下後，父母應合力教育之，在十來歲以前應放在身邊，以雙親之威光與慈愛循循善誘，培養學問的基礎後再送進學校，請專門的教師教育之。讓孩子能獨立自主，乃父母的義務，也是對社會的責任與奉公。當孩子的年紀來到二十一、二歲左右，便稱得上是成人，既可獨當一面，父母則可棄之而不顧，讓孩子自己獨立生計，到想去的地方，做自己喜好的事。

唯親子之道，乃生涯甚至死後皆無法改變的關係，子須盡孝道，而親則不失慈愛之情。前述的「棄之而不顧」，僅止於即使是父子關係亦不可剝奪個人的獨立自由而已。福澤諭吉引洋書之所述，孩子自出生乃至長大成人，父母僅能給予忠告，而非命令，這句萬古不易之金言，實在是引人深思。福翁認為育子之道，修業學問當然是必要，但與其學習，更重要的則是耳濡目染，因此父母的行為必須端正不可。言教不如身教，父母的言動不可不當，才能教出令人期待的子嗣，否則子息之未來恐比孤兒更為不幸。

有些父母的性格正直，對孩子亦疼愛有加，對子息的需求不問理由，一味地給予滿足。福澤諭吉認為乍看之下，這種作為似乎沒有不對，然而卻是僅懂得疼愛孩子，卻不懂得愛子之道，最後可能導致孩子陷入無智無德之不幸，成為違背天理人道之罪人。為人父母者子女生病沒有不憂患的，而心靈的問題更甚於身體之不適。為人父母僅憂心子女身體的病痛，卻忽略了心理的問題，福翁則以婦人之仁、家畜之愛稱之。

人的性格相異，一如長相不同。世風日下，不善之輩相繼增加，以平民的一己之力，不足以安身自衛。因此就必須設置一國眾人之代表，經由便民、擾民的各種深思熟慮後，設計政律以勸善懲惡之法，行之於世，而此代理者即所謂的政府。政府首長稱之為國君，而旗下附屬人員稱之為吏僚。為防止外力侵侮，保障國家安全，政府的存在是不可欠缺的。

福澤諭吉認爲世間職種雜沓，但就屬國家政務是最難處理的。倘若對犧牲小我者之回饋來自於天道，亦不若複雜、困難之工作的回饋來得大。因此福翁主張，吾人在政府之下蒙受政事恩澤者，對於國君或吏僚的優渥薪資無須欣羨。倘若政府行正道之法，其薪資則相對低廉。不僅無須羨慕，更進而受人尊敬。而國君、吏僚倘若能勞動身體、自食其力，更不失其大義。而思考其所勞之力與所得薪資的輕重比例，不就是君臣之義嗎？

前述人際關係互動交流之大略，若要詳述則一言難盡，兩、三頁之篇幅亦難完述，唯博覽群書一途而已。論及讀書，福澤諭吉認爲不能只讀日本書，更需閱讀海外的中土、天竺、西洋諸國之書籍。維新以後的日本社會，無論是皇學、漢學，抑或是洋學，各有其流派，且相互毀謗，視爲異己。而所謂的學問倘若僅是閱讀紙上文字罷了，則非難事。因此福翁主張學流得失之論，則是閱讀之後才見眞章，事前之空論乃曠費時日，毫無助益。以人的智慧習得日本、中土、英法等兩、三國語言，實在是沒什麼大不了的。膽小鄙怯不識外文，卻一味地毀謗自己不懂的學問，作爲男人而言眞是可恥！福澤諭吉更進一步強調，爲學之際，與其研究學流之得失，更要考慮的是對我國的利害關係。由此顯見，福澤諭吉之於學問思考，重點有二，即學用合一與治學報國。

面對近代日本與海外交易，外國人士間的不正之輩，多意圖讓日本貧弱化，甚至愚弄日本民衆，以謀求自己的利益。福澤諭吉眼見日本社會仍高唱皇學與漢學，慕古風而不悅新法，因不通國際的人情世體，不僅讓自己陷入貧愚，亦難以掌握外國的良善之處，僅能被困居在海外之於日本的策略中。福澤諭吉主張如何面對外國勢力而不感畏怖，唯修習洋學一途。博覽萬國書籍，通曉國際事態，以國際公法談國際事務，內修智德，強化個人的獨立自由，對外則嚴守國際公法，維持一國獨立，真正的大日本國才有可能於焉成立。福翁再三強調，年輕學子不必問皇漢洋三學的得失如何，唯著眼於洋學乃當前之急務。

一如前述，一八七二年（明治三）十一月二十七日，福澤諭吉前往東京的臨別之際，寫下這篇〈中津留別之書〉給故里子弟，勉勵舊中津藩的士族子弟，不要再醉心於過去而必須覺醒，先習洋學，且自食其力，以不礙他人自由而讓自己的自由達陣，修德開智，掃除鄙吝之心，有效理解所謂家內安全、天下富強之意旨。最後的這段期許，亦可謂是福澤諭吉生涯對日本社會的期待，而近代日本先覺者福翁的思惟足以跨越時空，可見一斑，以下茲採原文附載之。

〈中津留別之書〉

人は万物の霊なりとは、ただ耳目鼻口手足をそなえ言語・眠食するをいうにあらず。その実は、天道にしたがって徳を脩め、人の人たる知識・聞見を博くし、物に接し人に交わり、我が一身の独立をはかり、我が一家の活計を立ててこそ、はじめて万物の霊というべきなり。

古来、支那・日本人のあまり心付かざることなれども、人間の天性に自主・自由という道あり。ひと口に自由といえば我儘のように聞こゆれども、決して然らず。自由とは、他人の妨をなさずして我が心のままに事を行うの義なり。父子・君臣・夫婦・朋友、たがいに相妨げずして、おのおのその持前の心を自由自在に行われしめ、我が心をもって他人の身体を制せず、おのおのその一身の独立をなさしむるときは、人の天然持前の性は正しきゆえ、悪しき方へは赴かざるものなり。

もし心得ちがいの者ありて自由の分限を越え、他人を害して自から利せんとする者あれば、すなわち人間の仲間に害ある人なるゆえ、天の罪するところ、人の許さざるところ、貴賤長幼の差別なく、これを軽蔑して可なり、これを罰して差し支えなし。右の如く、人の自由独立は大切なるものにて、この一義を誤るときは、徳も脩むべからず、智も開くべからず、家も治まらず、国も立たず、天下の独立も望むべからず。一身独立して一家独立し、一家独立して一国独立し、一国独立して天下も独立すべし。士農工商、相互にその自由独立を妨ぐべからず。

人倫の大本は夫婦なり。夫婦ありて後に、親子あり、兄弟姉妹あり。天の人を生ずるや、開闢の始、一男一女なるべし。数千万年の久しきを経るもその割合は同じからざるをえず。また男といい女といい、ひとしく天地間の一人にて軽重の別あるべき理なし。

古今、支那・日本の風俗を見るに、一男子にて数多の婦人を妻妾にし、婦人を取扱うこと下婢の如く、また罪人の如くして、かつてこれを恥ずる色なし。浅ましきことならずや。一家の主人、その妻を軽蔑すれば、その子これに倣て母を侮り、その教を重んぜず。母の教を重んぜざれば、母はあれどもなきが如し。孤子に異ならざるなり。いわんや男子は外を勤て家におること稀なれば、誰かその子を教育する者あらん。哀というも、なおあまりあり。

『論語』に「夫婦別あり」と記せり。別ありとは、分けへだてありということにはあるまじ。夫婦の間は情こそあるべきなり。他人らしく分け隔ありては、とても家は治り難し。されば別とは区別の義にて、この男女はこの夫婦、かの男女はかの夫婦と、二人ずつ区別正しく定るという義なるべし。然るに今、多勢の妾を養い、本妻にも子あり、妾にも子あるときは、兄弟同士、父は一人にて母は異なり。夫婦に区別ありとはいわれまじ。男子に二女を娶るの権あらば、婦人にも二夫を私するの理なかるべからず。試に問う、天下の男子、その妻君が別に一夫を愛し、一婦二夫、家におることあらば、主人よくこれを甘んじてその婦人に事るか。また『左伝』にその室を易うということあり。これは暫時細君を交易することなり。

孔子様は世の風俗の衰うるを患えて『春秋』を著し、夷狄だの中華だのと、やかましく人をほめたり、そしりたりせられしなれども、細君の交易はさまで心配にもならざりしや、そしらぬ顔にてこれをとがめず。我々どもの考にはちと不行届のように思わるるなり。あるいはまた、『論語』の「夫婦別あり」も、ほかに解しようのある文句か。漢儒先生たちの説もあるべし。

親に孝行は当然のことなり。ただ一心に我が親と思い、余念なく孝行をつくすべし。三年父母の懐をまぬかれず、ゆえに三年の喪をつとむるなどは、勘定ずくの差引にて、あまり薄情にはあらずや。

世間にて、子の孝ならざるをとがめて、父母の慈ならざるを罪する者、稀なり。人の父母たる者、その子に対して、我が生たる子と唱え、手もて造り、金もて買いし道具などの如く思うは、大なる心得ちがいなり。天より人に授かりたる賜なれば、これを大切に思わざるべからず。子生るれば、父母力を合せてこれを教育し、年齢十歳余までは親の手許に置き、両親の威光と慈愛とにてよき方に導き、すでに学問の下地できれば学校に入れて師匠の教を受けしめ、一人前の人間に仕立ること、父母の役目なり、天に対しての奉公なり。子の年齢二十一、二歳にも及ぶときは、これを成人の齢と名づけ、おのおの一人の了管できるものなれば、父母はこれを棄てて顧みず、独立の活計を営ましめ、その好む所に行き、その欲する事をなさしめて可なり。

ただし親子の道は、生涯も死後も変るべきにあらざれば、子は孝行をつくし、親は慈愛を失うべからず。前にいえる棄てて顧みずとは、父子の間柄にても、その独立自由を妨げざるの趣意のみ。西洋書の内に、子生れてすでに成人に及ぶの後は、父母たる者は子に忠告すべくして命令すべからずとあり。万古不易の金言、思わざるべからず。

さてまた、子を教うるの道は、学問手習はもちろんなれども、習うより慣るるの教、大なるものなれば、父母の行状正しからざるべからず。口に正理を唱るも、身の行い鄙劣なれば、その子は父母の言語を教とせずしてその行状を見慣うものなり。いわんや父母の言行ともに不正なるをや。いかでその子の人たるを望むべき。孤子よりもなお不幸というべし。

あるいは父母の性質正直にして、子を愛するを知れども、事物の方向を弁ぜず、一筋に我が欲するところの道に入らしめんとする者あり。こは罪なきに似たれども、その実は子を愛するを知て子を愛するゆえんの道を知らざる者というべし。結局その子をして無智無徳の不幸に陥らしめ、天理人道に背く罪人なり。人の父母としてその子の病身なるを患ざるものなし。心の人にしかざるは、身体の不具なるよりも劣るものなるに、ひとりその身体の病を患て心の病を患えざるは何ぞや。婦人の仁というべきか、あるいは畜類の愛と名づくるも可なり。

人の心の同じからざる、その面の相異なるが如し。世の開るにしたがい、不善の輩もしたがって増し、平民一人ずつの力にては、その身を安くし、その身代を護るに足らず。ここにおいて一国衆人の名代なる者を設け、一般の便不便を謀て政律を立て、勧善懲悪の法、はじめて世に行わる。この名代を名づけて政府という。その首長を国君といい、附属の人を官吏という。国の安全を保ち、他の軽侮を防ぐためには、欠くべからざるものなり。

およそ世の中に仕事の種類多しといえども、国の政事を取扱うほど難きものはなし。骨折る者はその報を取るべき天の道なれば、仕事の難きほど報も大なるはずなり。ゆえに政府の下にいて政事の恩沢を蒙る者は、国君・官吏の給料多しとてこれをうらやむべからず。政府の法正しければその給金は安きものなり。ただにこれをうらやまざるのみならず、また、したがってその人を尊敬せざるべからず。ただし国君官吏たる者も、自から労して自から食うの大義を失わずして、その所労の力とその所得の給料と軽重いかんを考えざるべからず。これすなわち君臣の義というものか。

右は人間の交の大略なり。その詳なるは二、三枚の紙につくすべからず、必ず書を読ざるべからず。書を読むとは、ひとり日本の書のみならず、支那の書も読み、天竺の書も読み、西洋諸国の書も読ざるべからず。このごろ世間に、皇学・漢学・洋学などいい、おのおの自家の学流を立て、たがいに相誹謗するよし。もってのほかの事なり。学問とはただ紙に記したる字を読むことにて、あまりむつかしき事にあらず。学流得失の論は、まず字を知りて後の沙汰なれば、あらかじめ空論に時日をついやすは益なき事なり。人間の智恵をもって、日本・支那・英仏等、わずか二、三ヶ国の語を学ぶになにほどの骨折あるや。鄙怯らしくもその字を知らずしてかえって己が知らざる学問のことを誹謗するは、男子の恥ずべきことにあらずや。学問をするには、まず学流の得失よりも、我が本国の利害を考えざるべからず。

方今、我が国に外国の交易始り、外国人の内、あるいは不正の輩ありて、我が国を貧にし我が国民を愚にし、自己の利を營んとする者多し。されば今、我が日本人の皇学・漢学など唱え、古風を慕い新法を悦ばず、世界の人情世体に通ぜずして、自から貧愚に陥るこそ、外国人の得意ならずや。彼の策中に籠絡せらるる者というべし。

この時にあたって外人のはばかるものは、ひとり西洋学のみ。ひろく万国の書を読て世界の事状に通じ、世界の公法をもって世界の公事を談じ、内には智徳を修て人々の独立自由をたくましゅうし、外には公法を守て一国の独立をかがやかし、はじめて真の大日本国ならずや。これすなわち我が輩の着眼、皇漢洋三学の得失を問わず、ひとり洋学の急務なるを主張するゆえんなり。

願くは我が旧里中津の士民も、今より活眼を開て、まず洋学に従事し、自から労して自から食い、人の自由を妨げずして我が自由を達し、脩徳開智、鄙吝の心を卻掃し、家内安全、天下富強の趣意を了解せらるべし。人誰か故郷を思わざらん、誰か旧人の幸福を祈らざる者あらん。発足の期、近にあり。匆匆筆をとって西洋書中の大意を記し、他日諸君の考案にのこすのみ。

明治三年庚午一一月二七夜、中津留主居町の旧宅敗窓の下に記す

福沢諭吉

附錄三　財富之外還有名譽

延續一八七二年（明治三）〈中津留別之書〉的撰寫趣旨，福澤諭吉勉勵中津藩的舊士族子弟爲學的重要性，而二十五年後的一八九七年（明治二十七）福翁更以〈銭の外に名誉あり〉一文發表在《時事新報》上，強調一身獨立、一家經濟的基礎源自於財富的追求，然而在追求財富之際，更不忘眞正實至名歸的榮耀。而福澤諭吉之所以撰寫此文，據說與他一直以來被冠上「拜金宗」的稱號，不無關聯。

一如前述，在家庭負債的陰影下，年輕時期福澤諭吉的生涯志向就是成爲日本首富，且大肆揮霍一番。一反一般士族階層故作蔑視金錢的高尚態勢，福澤諭吉從不以「富豪」爲忤，相反地，他深知金錢的重要性，雖然金錢並非萬能，但沒錢卻是萬萬不能。在福澤諭吉的認知中，日本立國之根本莫過於「對外商戰」，富豪商人即使是爲一己之私，貨殖致富，但透過外匯累積，國家勢必伴隨著富強起來，因此福澤諭吉曾撰文呼籲社會大衆，應該對富豪階層聊表敬意，而非祭以忌妒批判；[18]相對地，福翁亦提醒

18 原文：今の不完全なる文明世界に於ては、対外商戦の必要にして、立国の根本と云ふも可なり。貨殖

富豪階層在衣食無虞之際，求得安心快樂之道，唯反躬自省，了解自己的長處，且勵精圖治而已。[19]

　福澤諭吉之於財富的立論基礎，簡言之，即一切的「私財」即「國財」，亦是國力之本源，撇開私情與私德的問題，從國家經濟的利害得失觀之，只要取之有道，君子愛財並不爲過。因此，福澤諭吉的言談之間，非常鼓勵國民大衆汲汲於自家生計，畢竟這是立國富強的根本，[20]顯然福翁所謂「國民之秘產乃爲國財」與中國《韓詩外傳》所謂的「藏富於民」之理論不相悖離。

　衆所周知，福澤諭吉生涯汗牛充棟的言論著作中，唯《學問之勸》與〈脫亞論〉

家の欲情いよいよ盛んにして、富国の道いよいよ進み、（略）富豪の経営非難す可らざるのみか、国の為めに、暫く敬意を表す可きものなり。〈富豪の経営は自ら立国の必要なり〉（前掲《福翁百話》），二二七。

19 原文：苟も衣食既に不足なき以上は、安心快楽の法必ずしも銭に在らず、士君子の自から其身の長所を省みて、自から工風す可き所のものなり。〈富者必ずしも快楽多からず〉（前掲《福翁百話》），二六〇。

20 原文：一切の私産は即ち是れ国財にして国力の本源にこそあれば（略）。〈国民の秘産は即ち国財なり〉（前掲《福翁百話》），二六二。

至今仍受矚目。然而，長久以來日本社會研究福翁思想者，亦不乏經濟學研究者，如小泉信三（一八八八—一九六六）、藤原昭夫（？—二〇〇一）、西川俊作（一九三二—二〇一〇）、永田守男、ひろたまさき、八木紀一郎等人；一八六八年（慶應四）五月十五日，維新戰爭如火如荼之際，在隆隆砲聲下，福澤諭吉正爲旗下門生講授《*The Elements of Political Economy*》，[21]該書在當時被譯爲《經濟學》，由此顯見福翁之於社會經濟的關心。

然而，福澤諭吉在《福翁自傳》中自曝，其實自己對商業買賣並不得手，但顯然對於賣書這件事，意外地卻是得心應手。[22]福澤諭吉之所以關心社會經濟，實有其思想脈絡可循。在《福翁自伝》〈一身一家経済の由来〉中自述，父親早逝，自幼家境清寒，生涯中最感畏怖的莫過於「負債」。[23]其一是自幼失怙之貧窮下士的人生經驗；其二是

---

21 Wayland, F., *The Elements of Political Economy*, New York, Leavitt Lord & Company, 1837, ppxv+472, 8vo.

22 〈一身一家経済の由来〉（收錄於《福翁自伝》，時事新報社，東京），一九〇一年，四六八。

23 原文：およそ世の中に何が怖いと言っても、暗殺は別にして、借金ぐらい怖いものはない。他人に対して金銭の不義理は相済まぬことと決定すれば、借金はますます怖くなります。私共の兄弟姉妹は幼少の時から貧乏の味をなめ尽くして、母の苦労した様子を見ても生涯忘れられません。（收錄於前揭《福翁自伝》，四一八）。

過去父親就是替主君處理會計業務者，自然有其家學淵源；而三次西航的體驗與心得，充分了解東洋世界所欠缺的，莫過於無形的「獨立心」與有形的「數理學」。

福澤諭吉對西洋社會的理解，以一言蔽之，莫過於「競爭原理」，而其背後自有一套「定則」在運作，此一定則源自於經濟學之父亞當．史密斯（Adam Smith，一七二三—一七九〇）在《國富論》中所謂的，是受到一隻看不見的手（invisible hand）所左右，而社會充斥著的則是一股「平明利己心」。而這相對於過去武士道精神所講求的成就「大我」之公益而言，明顯是追求「小我」的私利。如何在大小我之間有效取捨，求取平衡點，亦是福澤諭吉傾畢生之力，意圖解明之課題，這也是《學問之勸》〈六編〉與〈七編〉探討「職分」內涵的宗旨所在。

然而，在福翁的認知中，貧窮與身分制度是成就一身獨立之大礙，但即使如此，切不可因而有損自己的榮譽與品位。福澤諭吉認為人們對世間珍寶多有需求，與其無病長壽，更期待富貴安樂。世間人皆以養生為重，避免罹病；而即使以貨殖為志，但卻經常有其困難。即使如此，人們的心底層面無法自滿於安樂長壽，而極致高尚之境界，則莫過於一身的名譽。

社會上那些自稱只在乎財富多寡者，反躬自省時，考量平日的處世得失，以及來自於世間人的厚薄情誼時，多少會因有所不足而留下遺憾。從旁推敲之，其問題關鍵多出於名譽心的不滿足。因此必要時就必須針對一些小事下功夫，遠恥辱而重體面，以博世間人尊崇。社會上的富豪人身著美服、建構邸宅，一擲千金，逞奢華、求歡樂，散財的目的是爲求引人側目，豪奢的意義則是爲求得名譽。當時有不少既無政治舞臺、亦無思想足以示人者，則透過私金捐納以換取勳爵，而福澤諭吉並非是咎責這種行爲，福翁只是提醒世人，以這種手段所取得的榮耀乃華而不實之虛名罷了。眞正能策動高尚人心的名譽，應該是超越金錢之上，能安定人心的存在。即具有涵化智識、德義、才力、品行等所謂「不羈獨立」之氣概，應對進退自由自在，威武不足以恃、富貴不足以羨，且不侮人愚、不咎人惡。

福澤諭吉勸戒後輩子弟，追求財富之外，更應躬身於讀書；而讀書不得法者，或與世間君子交流聽取高見，或接受宗教家之說教，或閱讀報紙媒體之社論，如此一來自然會遠浮世虛名，而追求眞正的榮耀。社會一般所謂的富豪大家，以一己之力白手起家者有限，不少人則是受惠於社會潮流之所趨，隨波崛起。即使家道興盛、財富增加，但多數者的人品與氣質並沒有因而往上提升。即使綺羅覆身，出席重要場合，一旦除去身上衣物，亦不過是無學、文盲、鄙劣、粗野之輩，令人不屑，因此在追求財富之外，實質的名譽與榮耀更是重要。以下茲引〈銭の外に名誉あり〉原文附載於後，提供參酌。

〈銭の外に名誉あり〉

人の欲する所のものは此世の宝なり。無病長寿固より宝にして、富貴安楽亦宝なり。浮世の人々が常に養生を重んじて病を避け、日夜勉強して、貨殖に志すも無理ならぬ次第にして、左もある可きことなれども、凡そ人生の本心は至極高尚なるものにして、単に安楽長寿を以て自から満足するを得ず、尚進んで更に大に欲する所のものあり、即ち一身の名誉是なり。

世に所謂銭一方の人にして、銭の外に他志なしと称する者にても独り自から其身を省みて、己が処世の得失如何を勘考し、世人の己れに対する交際法の厚薄如何を視るときは、何か物足らぬやうに思はれて、多少の遺憾あるは、傍より推察して事実に違わざる可し、即ち名誉心の不満足にして、此心を慰めんが為には、様々の工風を運らし、些少の事にも注意して、体面を全うし以て恥辱に遠ざかり以て、世の尊敬を博せんことを欲せざる者なし、彼の金満家が衣食を美にし邸宅を壮にし、時に或は一擲千金の豪奢を逞うするも自身の快楽に相違なけれども、一方より見れば他人の容易に企ておよばざる所の散財は、取りも直さず。

大家の勢力にして、自から世間の耳目を惹くが故に、豪奢亦是れ名誉の為えにすと云ふも不可なし、況んや身に政治の伎量なく、又思想もなき者が辛苦経営して、選挙を争ひ尚ほ甚だしきは私金を捐てて、竊に爵位の到来を待つが如きに於てをや名誉の為に、身を焦す者と云はざるを得ず。

故に我輩は此名誉心を咎るに非ず、銭一方の人が利を空うして、名の為めにせんとするは、高尚なる人心の働きにして、兎に角に其心の位する処は銭以上に在るものなれば、美ならざるに非ざれども、我輩の本願は尚ほ一歩を進め天下の人をして、全く銭を離れ無銭の邊に安心の点を定めて、自から名誉の大なるものあるを知らしめんと欲する者なり。

即ち、其安心点は人生の知識徳義、才力品行等の箇条にして、之を支配するに不羈独立の気概を以てするときは発して処世の交際法と為り、居家の快楽事と為り、威武も恐るるに足らず、富貴も羨むに足らず心は、天下最高の点に安んじて、身は熱界の俗塵に交はり、人の愚は侮らずして、教へんことを謀り、人の悪は咎めずして、却て之を憐れみ迫らず、急がず。

悠々自から居るときは、古歌に云ふ、色をも香をも知る人ぞ知るの道理にて、自から世間の尊敬を博するや、疑ある可らず、則ち是れ求めざるの名誉なり。

左れば、今世の人に智徳、品行完全の者はある可らず、斯く筆執りて、書下す。吾身に於てさへ赤面する所のものこそ多けれども、大智、大徳の談は姑く擱き、兎に角に人は禽獣に異なり、肉慾以上に欲する所のものあり。財宝以外に求むる所のものありと、一心ここに発起する上は身躬から書を読む可し、読書不得手ならば、世の君子に交を求めて、高説を聴く可し、或は宗教家の説法も妙なり、又或は著書、新聞紙等の論説を人に読ませて、聞くも可なり。漸く之を聴聞して、濃に会心するときは、漸く浮世の名誉の軽きを悟るに至る可し。

其これを悟るは、即ち更に大名誉の臻る所以にして、唯本人自から之を知らざるのみ、之を名けて、自から知らざるの名誉と云ふ。

今の所謂富豪大家の中には、極めて貧小より身を起したる者あらん。富有は本人の私のみならず、国の為にも祝す可き次第なれども、其家道の盛なると共に其人の気品も亦これに伴ふて、上進したるや否や、頗る疑はしき所なり。

若し或は財産のみ今日の富豪にして、其人品、心念をして、依然たる旧時の貧困、肩に天秤棒当てたる小民ならしめんには、仮令ひ目下の衣食を美にし、交際を盛んにし、又は其身に何会議員の栄誉を荷ふも、恰も是れ一個の下郎折助に、巨万の金を授け、綺羅を着せて世間に突き出し、又何々の公会に列席せしめたるに異ならず、其財産を奪ふて、身外の物を除き去るときは、忽ち本の正体を露はして、残るものは唯無学、文盲、鄙劣、粗野なる下郎の一身あるのみ、殺風景ならずや。

凡そ世の中の事物は釣合の宜しきを得て始めて、美にして、人の賞賛をも博するとなれ、錦の衣に縄の帯を不釣合なりと云へば、財産を富豪大家にして、主人の気品を下郎折助にするも、亦是れ大なる不釣合にして、我輩は之を天下の美として、観るを屑とせず。唯願ふ所は、其人々をして、銭以外に名誉の大なるものあるを悟らしめんと欲するのみ。

收錄於《福翁百話》，三二七—三三二

主要參考資料

（依出版年份排序）

福澤諭吉、《福翁百話》、時事新報社、東京、一八九七年。
福澤諭吉、《福翁自傳》、時事新報社、東京、一九〇一年。
小泉信三a、《福澤諭吉》、弘文堂、東京、一九四八年。
伊藤正雄、《福澤諭吉論考》、吉川弘文館、東京、一九六九年。
遠山茂樹、《福澤諭吉：思想と政治との関連》、東京大学出版会、東京、一九七〇年。
丸山信、《福澤諭吉：「文明開化は銭にあり」—經營者・經濟人としての諭吉の生涯》、PHP研究所、京都、一九八四年。
小泉信三、《福澤諭吉》、岩波書店、東京、一九八六年。
高橋弘通、《福澤諭吉の思想と現代》、海鳥社、福岡、一九九七年。
西川俊作、《福澤諭吉の横顔》、慶應義塾大学出版会、東京、一九九八年。
丸山信監修、《福澤諭吉研究資料集成》、大空社、東京、一九九八年。
田中彰、《小国主義：日本の近代を読みなおす》、岩波書店、東京、一九九九年。
松永昌三、《福澤諭吉と中江兆民》、中央公論新社、東京、二〇〇一年。
慶應義塾編、《福澤諭吉書簡集》、岩波書店、東京、二〇〇一年。
永田守男、《福澤諭吉の「サイアンス」》、慶應義塾大学出版会、東京、二〇〇三年。
ひろたまさき、《近代日本を語る：福澤諭吉と民衆と差別》、吉川弘文館、東京、二〇〇一年。
福澤諭吉、《学問のすすめ》、岩波書店、東京、二〇〇四年。
斎藤孝、《学問のすすめ》、NHK出版、東京、二〇一一年。

福澤諭吉年表

西曆	日本曆	福澤諭吉之大事紀要	海內外情勢大要
一八三五	天保五	十二月十二日，出生於大阪中津藩藏屋敷（西曆一八三五年一月十日）	
一八三六年	天保七	六月，父親百助死去，舉家搬回中津	
一八五四年	安政一	二月，有志修習蘭學，而前往長崎	日美和親條約調印
一八五五年	安政二	三月，進入大阪緒方洪庵「適塾」學習，成爲門生	
一八五六年	安政三	九月，繼承家業，成爲家督	
一八五八年	安政五	十月，在江戶築地鐵砲洲設立蘭學塾	日美修好通商條約調印
一八五九年	安政六	往英學轉向	
一八六〇年	萬延一	一—五月期間，伴隨遣美使節，前往美國；被幕府任命爲「外國奉行」	櫻田門外之變
一八六一年	文久一	與土岐錦小姐結婚	美國南北戰爭
一八六二年	文久二	從前一年的十二月開始，整年度皆伴隨遣歐使節前往歐洲各國參訪	
一八六六年	慶應二	出版《西洋事情》一書	

西曆	日本曆	福澤諭吉之大事紀要	海內外情勢大要
一八六七年	慶應三	一—六月期間，伴隨遣美使節赴美	大政奉還、王政復古
一八六八年	明治一	四月，把築地的蘭學塾搬遷至芝新錢座，正式命名爲「慶應義塾」；八月，辭去幕臣一職	戊辰戰爭
一八六九年	明治二	出版《世界國盡》一書	
一八七一年	明治四	三月，把「慶應義塾」搬遷至三田	廢藩置縣
一八七二年	明治五	出版《學問之勸》	十一月，採行太陽曆
一八七三年	明治六	成立「明六社」，擔任社長	
一八七四年	明治七	首次舉辦三田演說會	板垣退助等民權論者提出〈民撰議院設立建白〉
一八七五年	明治八	出版《文明論之概略》	
一八七七年	明治十	西南戰爭之後，《明治十年丁丑公論》脫稿	西南戰爭
一八七八年	明治十一	十二月，當選東京府會議員；出版《通俗民權論》與《通俗國權論》二書	

西曆	日本曆	福澤諭吉之大事紀要	海內外情勢大要
一八七九年	明治十二	一月，擔任東京學士會院初代會長；發表《國會論》與《民情一新》二書	
一八八〇年	明治十三	一月，成立「交詢社」	
一八八一年	明治十四	出版《時事小言》	明治十四年政變；自由黨結成
一八八二年	明治十五	出版《帝室論》一書；三月，《時事新報》創刊	立憲改進黨結成；壬午事變
一八八三年	明治十六	出版《學問之獨立》	
一八八四年	明治十七	朝鮮甲申事變時，奧援金玉均	清法戰爭、甲申事變
一八八五年	明治十八	三月，發表「脫亞論」	日本內閣制度上路
一八八六年	明治十九	出版《男女交際論》一書	
一八八八年	明治二十一	出版《尊王論》	
一八八九年	明治二十二	九—十月期間，在京阪一帶家族旅遊。其後直至一八九七年爲止，經常前往京阪與山陽一帶旅行	《大日本帝國憲法》發布
一八九〇年	明治二十三	一月，「慶應義塾」設置大學部	「帝國議會」開議

西曆	日本曆	福澤諭吉之大事紀要	海內外情勢大要
一八九一年	明治二十四	《瘠我慢の說》脫稿	
一八九二年	明治二十五	十一月，協助北里柴三郎成立傳染病研究所	
一八九三年	明治二十六	出版《實業論》	
一八九四年	明治二十七	爲日清戰爭而捐出日幣一萬圓	清日甲午戰爭
一八九七年	明治三十	出版《福翁百話》	改朝鮮國號爲「大韓帝國」
一八九八年	明治三十一	九月，腦溢血發作；出版《福澤全集》全五卷	憲政黨內閣成立
一八九九年	明治三十二	出版《福翁自傳》、《女大學評論・新女大學》二書	
一九〇〇年	明治三十三	二月，發表《修身要領》	義和團事件；立憲政友會成立
一九〇一年	明治三十四	二月三日因腦溢血死去	

經典哲學名著導讀 016

1B0C

福澤諭吉與《學問之勸》

作者 林呈蓉
發行人 楊榮川
總經理 楊士清
主編 蘇美嬌
實習編輯 康婉鈴
封面設計 姚孝慈
出 版 者 五南圖書出版股份有限公司
地址 106台北市大安區和平東路二段339號4樓
電話 (02)2705-5066
傳真 (02)2706-6100
劃撥帳號 01068953
戶名 五南圖書出版股份有限公司
網址 http://www.wunan.com.tw
電子郵件 wunan@wunan.com.tw
法律顧問 林勝安律師事務所 林勝安律師
出版日期 2017年11月初版一刷
定 價 新臺幣380元

國家圖書館出版品預行編目資料

福澤諭吉與《學問之勸》/林呈蓉著. — 初版. — 臺北市：五南，2017.11
面； 公分
ISBN 978-957-11-9395-3（平裝）

1.福澤諭吉 2.學術思想 3.日本哲學

131.96 106015702